王貽蓀戰時日記

（1942）

The Diaries of Wang Yi-sun, 1942

民國日記 ｜ 總序

呂芳上
民國歷史文化學社社長

人是歷史的主體，人性是歷史的內涵。「人事有代謝，往來成古今」（孟浩然），瞭解活生生的「人」，才較能掌握歷史的真相；愈是貼近「人性」的思考，才愈能體會歷史的本質。近代歷史的特色之一是資料閎富而駁雜，由當事人主導、製作而形成的資料，以自傳、回憶錄、口述訪問、函札及日記最為重要，其中日記的完成最即時，描述較能顯現內在的幽微，最受史家重視。

日記本是個人記述每天所見聞、所感思、所作為有選擇的紀錄，雖不必能反映史事整體或各個部分的所有細節，但可以掌握史實發展的一定脈絡。尤其個人日記一方面透露個人單獨親歷之事，補足歷史原貌的闕漏；一方面個人隨時勢變化呈現出不同的心路歷程，對同一史事發為不同的看法和感受，往往會豐富了歷史內容。

中國從宋代以後，開始有更多的讀書人有寫日記的習慣，到近代更是蔚然成風，於是利用日記史料作歷

史研究成了近代史學的一大特色。本來不同的史料，各有不同的性質，日記記述形式不一，有的像流水帳，有的生動引人。日記的共同主要特質是自我（self）與私密（privacy），史家是史事的「局外人」，不只注意史實的追尋，更有興趣瞭解歷史如何被體驗和講述，這時對「局內人」所思、所行的掌握和體會，日記便成了十分關鍵的材料。傾聽歷史的聲音，重要的是能聽到「原音」，而非「變音」，日記應屬原音，故價值高。1970年代，在後現代理論影響下，檢驗史料的潛在偏見，成為時尚。論者以為即使親筆日記、函札，亦不必全屬真實。實者，日記記錄可能有偏差，一來自時代政治與社會的制約和氛圍，有清一代文網太密，使讀書人有口難言，或心中自我約束太過。顏李學派李塨死前日記每月後書寫「小心翼翼，俱以終始」八字，心所謂為危，這樣的日記記錄，難暢所欲言，可以想見。二來自人性的弱點，除了「記主」可能自我「美化拔高」之外，主觀、偏私、急功好利、現實等，有意無心的記述或失實、或迴避，例如「胡適日記」於關鍵時刻，不無避實就虛，語焉不詳之處；「閻錫山日記」滿口禮義道德，使用價值略幾近於零，難免令人失望。三來自旁人過度用心的整理、剪裁、甚至「消音」，如「陳誠日記」、「胡宗南日記」，均不免有斧鑿痕跡，不論立意多麼良善，都會是史學研究上難以彌補的損失。史料之於歷史研究，一如「盡信書不如無書」的話語，對證、勘比是個基本功。或謂使用材料多方查證，有如老吏斷獄、法官斷案，取證求其多，追根究柢求其細，庶幾還原

案貌，以證據下法理註腳，盡力讓歷史真相水落可石出。是故不同史料對同一史事，記述會有異同，同者互證，異者互勘，於是能逼近史實。而勘比、互證之中，以日記比證日記，或以他人日記，證人物所思所行，亦不失為一良法。

從日記的內容、特質看，研究日記的學者鄒振環，曾將日記概分為記事備忘、工作、學術考據、宗教人生、游歷探險、使行、志感抒情、文藝、戰難、科學、家庭婦女、學生、囚亡、外人在華日記等十四種。事實上，多半的日記是複合型的，柳貽徵說：「國史有日歷，私家有日記，一也。日歷詳一國之事，舉其大而略其細；日記則洪纖必包，無定格，而一身、一家、一地、一國之真史具焉，讀之視日歷有味，且有補於史學。」近代人物如胡適、吳宓、顧頡剛的大部頭日記，大約可被歸為「學人日記」，余英時翻讀《顧頡剛日記》後說，藉日記以窺測顧的內心世界，發現其事業心竟在求知慾上，1930 年代後，顧更接近的是流轉於學、政、商三界的「社會活動家」，在謹厚恂恂君子後邊，還擁有激盪以至浪漫的情感世界。於是活生生多面向的人，因此呈現出來，日記的作用可見。

晚清民國，相對於昔時，是日記留存、出版較多的時期，這可能與識字率提升、媒體、出版事業發達相關。過去日記的面世，撰著人多半是時代舞台上的要角，他們的言行、舉動，動見觀瞻，當然不容小覷。但，相對的芸芸眾生，識字或不識字的「小人物」們，在正史中往往是無名英雄，甚至於是「失蹤者」，他們

如何參與近代國家的構建，如何共同締造新社會，不應
該被埋沒、被忽略。近代中國中西交會、內外戰事頻
仍，傳統走向現代，社會矛盾叢生，如何豐富歷史內
涵，需要傾聽社會各階層的「原聲」來補足，更寬闊的
歷史視野，需要眾人的紀錄來拓展。開放檔案，公布公
家、私人資料，這是近代史學界的迫切期待，也是「民
國歷史文化學社」大力倡議出版日記叢書的緣由。

導讀

民國歷史文化學社編輯部

一

　　日記、書信是研究人物及其時代最重要的一手材料，它不只透露著作者的真性情，而且展露那個時代的訊息。與檔案文書、報刊、方志等資料相比，書信、日記類史料別有意味，利用這兩種特色史料研究近代史，漸成方興未艾之勢。

　　私人書信，包括與家族成員、親戚、朋友等之間的書信往來，是典型的私人文獻。書信讀起來親切，語言沒有雕飾，意隨筆到，多是坦露衷腸之言。這些信函原本有很強的私密性，只是為了完成即時傳遞資訊的目的，並無公布於眾的考慮。在史家看來，這類「講私房話」的原始文獻，一旦被保存、披露，可信度更高。

　　私人日記是「排日記事」，一般是當天所寫，也有數日後補寫的，經過逐日、逐月、逐年記錄，累積而成。這種在光陰流轉中逐步形成的編年體文獻，將作者的言行、見聞、思想乃至情緒，隨時定格、固化。日記的「原始性」也因此而與眾不同。

　　民國歷史文化學社在《關山萬里情：王貽蓀、杜潤枰戰時情書與家信》之後，陸續推出《流離飄萍：杜潤枰戰時日記（1939）》、《王貽蓀戰時日記》，在書信與日記交錯之間，更進一步理解那段顛沛流離的戰時歲月。

二

　　王貽蓀（1918-2009），江蘇江陰人。1934 年畢業
於江陰長涇初中，後入江蘇省公民訓練師資養成所，初
任教江陰縣夏五鄉民眾學校，1937 年 1 月調任石莊鎮民
眾學校教員，同年 9 月受任校長，從事民眾教育工作。

　　此時中日戰火已起，江陰行將淪陷，1937 年 11 月
28 日，奉令結束校務，向漢口移動，12 月 30 日，隨父
親王仲卿撤抵漢口。隔年 1 月，保送入湖北鄉政幹部人
員臨時訓練班受訓一個月，再參加湖北省政府鄉政服務
學員特殊訓練半個月，結訓後分發江陵縣擔任鄉政助理
員，先後派駐第三區署（岑河口）、第六區署（彌陀
寺），輔助鄉政建設工作。1938 年 11 月離職轉往湖南
沅陵，擬入軍事委員會戰時工作幹部訓練團第一團，不
意錯過考期，只得暫入通信隊接受無線電技術訓練。
1939 年 1 月，隨隊移駐瀘溪浦市鎮；4 月，奉令移駐四
川綦江，轉徙千里，於 5 月 21 日抵達。

　　1940 年 1 月考入軍委會戰幹團第一團。6 月 1 日，
團內異黨案起，即所謂「綦江事件」。王貽蓀被誣指
為共產黨，但未被禁閉。10 月自戰幹團畢業後，奉令
分發第六戰區政治部（湖北恩施）見習，派任至軍事
委員會特務二團政治指導室。1941 年 3 月，正式赴外
河沿從事政工工作，為新兵二連代理連指導員。6 月
奉調回第六戰區政治部，委任第四科中尉科員，負責
人事行政業務，兼負戰區特別黨部組訓。1942 年 9
月，改至綦江導淮委員會任職。1943 年 5 月，遷往重
慶，擔任後方勤務部特別黨部幹事，負責文宣工作。

1945 年，轉調中央黨部組織部軍隊黨務處，隨後又調三民主義青年團中央團部編審室。戰後復員，續在南京三青團中央團部編審室服務，主持《模範青年叢書》出版業務。繼調中國國民黨中央執行委員會青年部幹事，負責學校文化宣傳。

三

目前所得王貽蓀日記，起於 1941 年 1 月 1 日，戰幹一團畢業後分發至湖北恩施見習時，止於 1945 年 6 月 30 日。王貽蓀何時開始書寫日記，無從得知，惟 1941 年日記中有言「謄寫前月日記來此冊，迄二月十一日。」（2 月 25 日）合理推測 1941 年前至少應有一冊日記。至於1945 年 7 月以後的日記，亦尚未尋獲。王貽蓀身歷 1940 年的「綦江事件」與 1949 年的「海軍匪諜案」，或許是前後日記隱而未現的原因之一。

細讀王貽蓀的日記，內容極為豐富詳細，包括戰時生活的衣食住行，流離中的努力求生存，各種尋工作、覓調職間的酸甜苦辣。1941 年上半年，王貽蓀在連指導員任內看盡新兵訓練的問題，1942 年，他已調回司令長官部政治部任職，主管各種人事資料的彙報與統計。部隊中除了既有的新兵逃兵問題，連指導員的逃官問題也在人事報告中出現：「小統計，一月至四月，中、少尉連指逃走了六三員！」（5 月 8 日）官與兵的紛紛逃離部隊，或許也是戰時基層部隊的常態。另外王貽蓀也詳細記載了政工人員在政治部的生活，於每日伏案工作外，也必須下田工作種植蔬菜，以供加菜所需：

「今日蘿白菜收得三分之二，共三十六斤，可供本部同
仁三餐之用」（6月14日），反映了戰時副食供應不足
的問題。

　　除了日常所見，王貽蓀在日記中也處處記錄自我
充實的過程，例如聆聽演講與訓詞之大意、閱讀報刊時
摘錄之內容或心得，對於寄出的書信與親友的來函，或
謄寫或摘要，亦詳實記下。另也有生活間的零散資料，
如 1941 年的收支帳、私人什物書籍備查表等，1942 年
則有工作與讀書摘要、生活檢討等項，均為這段時期後
方生活的重要資料。而王貽蓀不僅收藏日記與書信，舉
凡人生各階段的學歷證件、人事派令等等，歷經戰亂而
保存完整，內容多樣，令人驚嘆。隨著日記的內容，並
將此類文物酌採附之，以期圖文參證。

四

　　在編輯日記與書信的過程中，看到大時代的點點
滴滴，有日理萬機的決策過程，有埋頭苦幹的辛勤工
作，也有炙熱的戀情與真摯的家庭關愛。如此點點滴滴
的經營，終匯聚成歷史研究的洪流，拼湊出各階層的圖
像，實值得吾輩繼續挖掘。「王貽蓀日記」提供抗戰時
期黨、軍、團的基層工作情況資料，極屬少見、難得，
本社獲得這批重要而珍貴的歷史研究材料，自當對王氏
家屬致以最高敬意。

編輯凡例

一、本系列將出版王貽蓀先生 1941 年 1 月 1 日至 1945
　　年 6 月 30 日之日記，本書收錄 1942 年 1 月 1 日
　　至 12 月 31 日。

二、本書依原文錄入，錯字、漏字、贅字等均不予更
　　動，異體字、俗寫字一律改為現行字，無法辨識
　　文字則以■表示。

三、原文中以蘇州碼子標記之數字，皆改以阿拉伯數
　　字呈現。

王貽蓀 1937-1943 年行跡

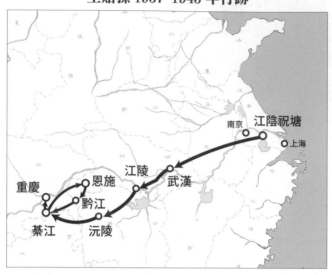

1937 年 11 月　隨父親遷武漢

1938 年　2 月　受湖北鄉政幹部人員臨時訓練班訓練
　　　　　　　　後，分發江陵縣任鄉政助理員

1938 年 11 月　赴沅陵投考戰幹一團未果，改入通信隊
　　　　　　　　受訓

1939 年　4 月　隨通信隊移綦江訓練

1940 年　1 月　考入綦江戰幹一團受訓

1941 年　1 月　受訓畢業，分發恩施第六戰區政治部見
　　　　　　　　習，後入特務團任政治指導員

1941 年　6 月　調回黔江第六戰區政治部

1942 年　9 月　至綦江導淮委員會任職

1943 年　5 月　遷重慶新橋，任後方勤務部特黨部幹事

附圖

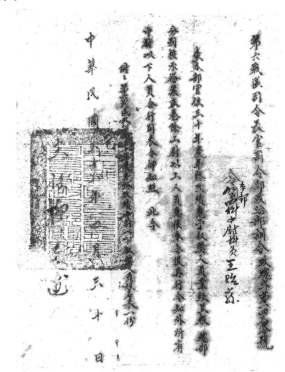

第六戰區司令長官司令部政治部訓令

　　　　　　　　　（政總第一四三零號）

令本部第四科中尉科員王貽蒢

　　查本部官佐三十年度年終考績應予敘獎人員業經呈
報總部分別核示備案在卷除上尉以上人員應俟奉令後再
行令知外所有中尉以下人員合行列表令仰知照。此令。

　　　　附：第六戰區政治部三十年度年終考績中尉以下敘
　　　　　　獎人員姓名表一份

　　　　　　　　　　中華民國三十一年四月三十日

　　　　　　　　　　　　　　主任柳克述

off

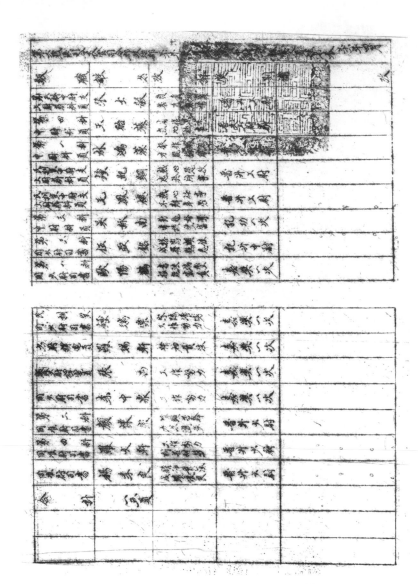

第六戰區政治部三十年度年終考績
中尉以下敘獎人員姓名表

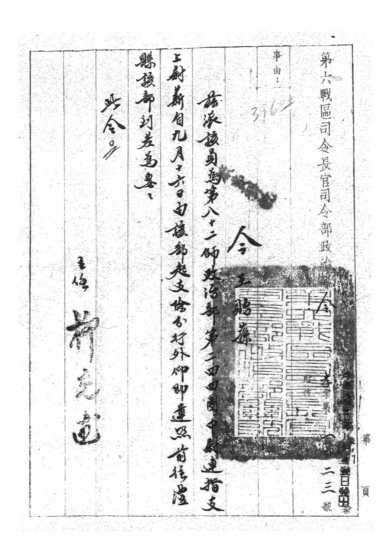

第六戰區司令長官司令部政治部令

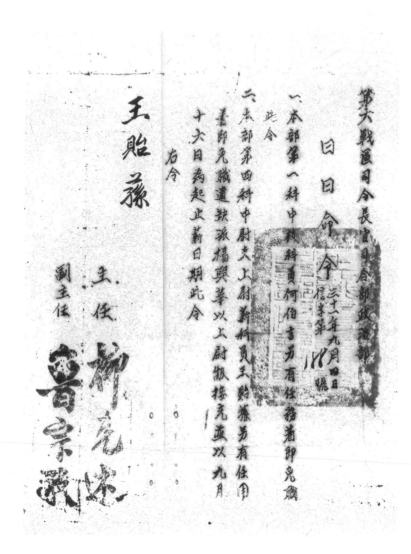

第六戰區司令長官司令部政治部日日命令

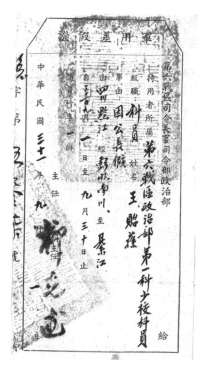

軍用差假證

第六戰區司令長官司令部政治部

持用者所屬第六戰區政治部第一科少校科員

級職：科員　　　姓名：王貽蓀

事由：因公長假

由四川黔江經彭水南川至綦江

自三十一年九月一日至九月三十日止

隨身行李一件

主任柳克述

中華民國三十一年九月　日

國民政府軍事委員會政治部委令

四月三日，

日記原稿選錄

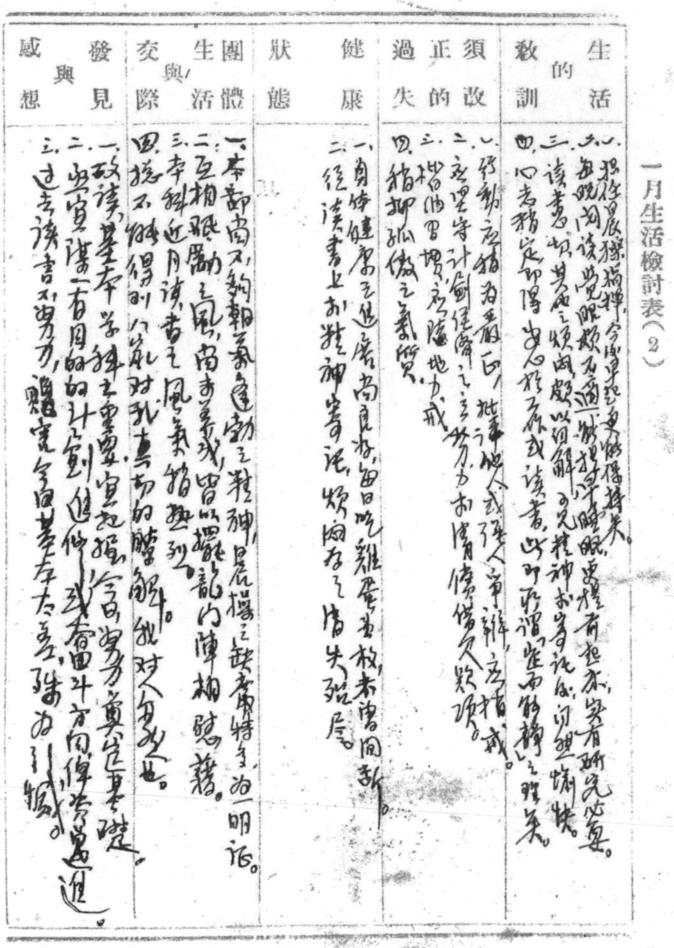

一月生活檢討表（2）	生活的教訓	須改正過失的	健康狀態	團體生活與交際	發見與感想
	（手稿内容）	（手稿内容）	（手稿内容）	（手稿内容）	（手稿内容）

日記原稿選錄

「一月生活檢討表」（1942 年 3 月）

目錄

1942 年

1942 年

　　浩蕩成江的鮮血，滂沱如雨的炸片，時代掀起的亙古未有之洪濤，能不使我們，站在存亡絕續關口的我們，對於整個的人生問題，有一度新的審察和領悟？

　　我們要生存，我們更要有意義的生存，所以我們那能不追求生存的意義，和達到這有意義的生存的方式？

　　在這真實空時構成的創造的宇宙裡，我們的生命是動的、真實的、更是創造的。我們的思想不能開倒車。我們不能背著時代後退，我們也不能隨著時代前滾，我們要把握住時代的巨輪，有意識的推動他進向我們光輝的理想。

　　我們要揮著慧劍，割去陳腐。我們要擴清因循、頹廢、軟弱、倚賴、卑怯，和一切時代錯誤的思想——生命的毒菌。不但是打掃地方為了培養新的肌肉，而且是期待長成新的骨幹。

　　這偉大的時代需要我們有力的思想、有力的行為、有力的生命。

　　　　　　　　一九四二、六、一二　敬錄新人生觀自序

1月1日　星期四　氣候晴

　　天氣是晴朗溫暖，人群是鼓舞奮發，氣象是蓬勃更新，社會充溢著朝氣，國家象徵著復興，正義和平之光從旭日中放射。瞧吧！一九四二年的蒞臨帶來了世界正義的光輝，指引了抗戰建國的勝利！我慶幸長成在這樣偉大的時代，我願貢獻個人一切的自由、幸福，以至有

限的生命，呈獻給時代之神，為國家民族之永生，世界
正理之永存，而奮鬥到底！九句鐘的時候，他們——擔
負著收復武漢和拱衛陪都的英勇將士們，圍聚在莊嚴宏
偉——大禮堂——的懷抱裡，在激昂悠揚的軍樂聲裡，
✗✗戰區長官部的新年團拜禮開始了！我幸榮地也是參
加的一員，心裡是高興、愉快，說不出來的歡慰！勝利
的笑容呈現在每一個紅光的臉孔，勝利之光組合了緊張
熱烈的氣氛。就在這時，英姿軒昂的黃琪翔將軍登上了
台，他以鐵的意志闡明了抗戰建國和國際形勢的演進，
已奠定了勝利之基石，他更以哲理的立場，說明了時間
決定一切，殘暴、野蠻、欺詐一切的罪惡，他是終會在
時間的審判前毀滅，正義、和平、人道是終會在時間不
斷的延續中創造了世界的進化。末了，他勉勵大家把握
時間，發揚時間之光輝，那嗎，生命才可得偉大的價
值，生命才有意義。在演說的場合中，以學者風度出現
了本部主任柳克述氏，他暢談國際的形勢，給大家加強
了對時代深刻的認識。接著舉行黨工人員和新黨員的宣
誓，這——鐵的事實——象徵著本黨領導革命，並且是
不斷地新生滋長。瞧吧！它是會矢忠矢勇地領導抗建，
一直到祖國從艱危中復興。今晚，政工一、二大隊以聯
合作戰的力量，演出了三幕劇「軍事第一」，成績是進
步，誰能否認聯合作戰的力量。同胞們！等著吧，反侵
略國家的大同盟，就是勝利最力的保證。光明已照耀著
大道，大步邁進勝利年——三十一年——的盡頭，就是
凱旋的狂歡。到那天，你會痛飲君山之頂，俯視大江，
陶醉在江南的樂園！

1 月 2 日

　　本科朱科員精誠同志，因家遭敵偽焚燒，亟求返里探視，經邀准外調，為十五師政治部科員。同人等壯其行，勵其志，餞其別，乃殺雞煮肉，在辦公室暢飲之。同仁皆泰半為淪陷區者，或則鄰近戰地者，值朱同志之旋里省視，更同寄深情焉。接華漢民兄自渝嘉陵江渡口工務所來信，頗慰。長沙戰緊，系念良深！

1 月 3 日

　　接賢文學兄自渝來信，知總部同學環境欠佳，目擊政工地位形將摧折殆盡，不勝慨然！二日為渝地同學擴大茶會之期，參加者當在二千名以上。對於同學今後努力奮鬥途徑，定有所取議也。嘗讀歐陽修朋黨論，謂「君子以同道為朋，所守者信義，所行者忠信，所惜者名節。以之修身，則同道而相益，以之事國，則同心共濟，終始如一」、「用君子之真朋，則天下治矣」。回憶母團創立於抗戰緊張之秋，三年來陶養五萬優秀之青年，為國奮鬥，為主義效忠，固已事實昭然。設此國家僅有之至寶——青年——而因任何個人之自利觀念，從而摧折之，則國家之損失，可謂重矣，有志者能不長嘆而深痛乎！為今之計，國家整個青年訓練與領導，務求出於至公至誠，為革命前途而打算，期於納入正軌，克盡青年效忠黨國之最大效能，則國家幸甚！青年幸甚！

1 月 4 日

　　報載中央社華盛頓二日專電，世界反侵略國家

二十六國，於華盛頓白宮總統府簽訂同盟宣言，我與英、美、蘇則為領導之四大國也，由新外長宋子文氏簽字。自此次蘇聯參加後，世界侵略與反侵略之陣線已判若鴻溝矣。共同宣言之（一）每一政府承允，對於與之立於戰爭狀態之三國同盟份子國家，及其加入國家，使用其全部軍事與經濟資源；（二）每一政府承認與本宣言簽字國政府合作，並不與敵國締結單獨停戰協定之。簽定於一九四二年一月一日。報載長沙郊外大戰展開，我獲絕對優勢，殲敵頗多，大捷之望，有三度可能矣。柳主任隨陳長官赴渝，此間六、九合併之說，與出任軍政部長之說，甚為謠傳。

1月5日

　　捷報頻傳，新年中舉國歡騰！（一）長沙三度大捷之形勢已成，殘敵已分別包圍殲滅中；（二）華盛頓同盟聯軍統帥部，發表英國印軍總司令魏菲爾上將出任南太平洋戰區海陸空軍最高統帥；（三）中國戰區成立，包括越南、泰國，由蔣委員長出任陸空軍最高統帥。發快信家書一封，心稍自慰！

1月6日

　　彙報是一件要仔細用心去做的業務，並且要專人去負責才好，否則，前後不相聯貫，又是生手，一定很容易發生毛病。本科過去因為沒有專人負責，由鮑厚成到我，到周綱，到黃澤民，差不多經過四個人去做，以致毛病迭出，成為本科業務中最弱的一環！實在傷腦筋得

很，我決心收回我來兼辦，研究改良，以裨補這缺點。本部舉行黨義論文競賽，題為「怎樣提高革命戰鬥員鐵的紀律與幹的精神」，余鼓勵著自己的勇氣，準備參加，但寫作的技巧和內容的材料，實在自己太貧乏了，內心十二分的自己難受！關於湖北日報元旦特刊，我清整的記憶著在我到恩施時，它是剛剛誕生，不到一年，已有飛躍的進步，和偉大的成就。自反個人一年來毫無長進，愧悔萬分！司令長官勉新湖北的公務員「奮鬥，創造，前進，建設新湖北」，今卅一年度開始，余亦將有以力行乎。貽蓀，要知惟有不斷的奮鬥，積極的創造，勇敢的前進，方可完成你理想的事業，前進吧！

1 月 7 日

天氣晴朗，在此「蜀犬吠日」的天地中，實在不易多得。積壓了許多的汙垢待洗的衣裳，在老百姓不願意代洗，同時也請不起他們洗的痛苦中。上午，在八時左右，自己跑到離部約四華里的「龍洞河」洗滌了，河水清明，潺潺地流著，獨個兒在河中水石上擦洗著衣服，到也覺到有無限的詩意。舉頭看山色，低迴沉思，心曠神怡，濃興不稍倦，直至甫畢返部，已值下午上辦公矣。招君准同赴民家吃麵，費洋四元許。稍喝酒，滿面通紅，倍覺精神揚溢，余不善酒，故稍喝即醉矣。接偉青嫂來信匯來法幣伍拾元，知月芳姊已抵貴陽中央醫院服務，詢余赴鶴亭先生處工作，好否。余正考慮中也。

1月8日

擬定黨義論文寫作綱目，心中很想鼓作勇氣寫他一篇。下午，又為了彙報案過去之錯誤，心裡說不出的難過，幾乎暴燥得跳起來。我素自信甚強，不願聽官腔，也不願在我手中做錯了一件事，而彙報案偏來嚕嚕麻煩。後來始終設法補救了，牢記吧！做事要在見微處注意，否則，一不留心，就容易出漏洞了。為了想寫文章，抱佛家的看舊報，真是自欺太甚了，下筆寫不出字來，自己難受！

1月9日

特務二團的幹事申際輝調部本科服務，想不到合而離，今日又從離而合，世界合久必離，離久必合，誠屬奇哉。向樸以其演講競賽所得購統計學大綱一部，該書已為該書局之最末一部，並為水漬損毀，但向樸愛之如寶，在郵寄途中，常為之念念不置。此種愛書精神，洵屬可貴，述及昔年在前方工作背負良書不捨之往事，更為仰佩。向樸為人忠誠，喜於統計學之研究，學有所長，前途誠無限光明也。自顧學識根底毫無，且無稍長，又不知刻意力學，以求日進，奈何！伯言先生嘗勉稍習統計學之，然自知數學程度太低，不足以作高深統計學之研究，苦無以告人，奈何哉！

1月10日

際輝自恩施代購新湖北日記一冊，尚佳，價洋拾伍元，可謂昂矣。余將善為利用，方不愧兄姊血汗之金

錢，購此冊為紀念也。下午，舉行小組討論，余擔任政
治之報告，提出劃時代之政治問題闡述：（一）華府於
一九四二年一月一日簽訂二十六國反侵略同盟；（二）
太平洋最高統帥部之成立與委座之出任中國戰區總司
令；（三）長沙三度大捷與蘇德戰局之改變及北非戰場
之成功；（四）九中全會之召開與人事暨機構之調整。
討論題為「過去之檢討與今後之策勵」，平心靜氣的檢
討。以來六戰區一年的經過而言，在特務二團的新兵訓
練時期，自己實愧無以挽救新兵之危運，致遭新兵訓練
全部失敗之巨大損失，良心實無以自慰。幸來本部一科
服務後，對於登記與資料業務之建立，稍以資助科務之
走上正軌，而裨益於各級人事之健全，稍以自慰耳。一
年來個人之進修與敦品上並無長足之進步，求學又無重
心把握遵循，致一無中心所向，以期計日成功，更為抱
憾焉。

1 月 11 日

　　上午，埋頭閱讀總裁言論及各種參考書，俾為寫作
之助，但畢竟久疏握筆，文筆困滯，下筆不易得一字
也，可惱之極！接偉青嫂來信，詳述桐哥為環境所迫，
日喜竹林之遊，乃作沉痛之書，以至性相勉勵，並錄原
件於冊末為己兄惕焉！近日傳言紛紜，同學中討論前途
問題者日多。余自思，流亡後尚未得稍為安心服務，今
日之急者，厥為求定，而後靜，而後安，而後求其得
也，否則，朝秦暮楚，東奔西走，實屬徒增年齒，為憂
焉。能得一永久性之事業工作，固余深願，但求之不

得，亦祇有為國家服務，求其無負於國家之培育耳。

1月12日

　　際輝兄抵本科正式服務，助余辦理登記與彙報業務。談及特團八百新兵之冤枉無謂消耗，誠不勝令人慨歎之至！否則守四行者，亦僅八百壯士耳。吾為國家之徵募與訓練不善，實有無限之不滿，幸當局者能早日注意及之。

1月13日

　　近日為調整業務，使臻健全計，對於彙報與統計二項，併力加於研究改善，對於彙報案之今後辦理與應用表式，俱加統一之計劃油印。統計為科務代表之有效運用，亦為主官考核與檢查各級單位人事之迅捷辦法。設計師政治部與團室應用登記表格式各一，以待同仁之再行研究改善，而收運用盡利之益，個人則尚覺可行。

1月14日

　　羅科長特於公館請本科同仁便餐，備有佳餚，質量豐美，洵屬此際不易得之加油也。同仁等軍事行動迅速，舉行掃蕩殲滅戰，頗具戰功。午後，舉行卅年度科務總檢討，余任記錄，同仁坦誠相見，作切實之檢討，對於今後科務之發展求人事之健全，得意見頗多。特別注意加強今後之考核、登記、資料、調查、統計業務，以謀業務之全部可納入正軌，合乎人事之法規，家庭化則公認為科德焉。

1 月 15 日

社會流言四起，紛傳六戰區機構人事將有變動，一般認為長官出任中國戰區總司令部參謀長或長軍政部，鄂政則由張屬生氏出任云，其他則亦有重要人事調整云。費了九牛二虎之力做的人事附件櫥，現在是取回了，相當滿意，為本科生色不少，一件事有了決心，一定能成功，使余倍增信心！

1 月 16 日

晚，至向樸處閱君淮與向樸所寫黨義論文，覺內容貧乏而詞意亦欠暢通，佈局亦欠完整，而主題之發揮又嫌不夠，然反觀己之引言一段，亦同屬一病也。為鼓勵向樸寫作起見，隨同寫作直至中夜，然仍未有成也，處處覺到不如意，文不達意。言之固當然者，然不知從何而言也，為之苦極矣，余將自精讀下手為之補救也。

1 月 17 日

為統一印製各種表冊，與四科黃科員商洽，結果認為在通盤之打算下，可節省物力財力竟至二分之一。總務之須謹慎詳密經理，然後方得節省公家浪費，誠為嚴重矣。文思請吃包子，每個貳角，一刻兒吃了將近壹百個，計售將念元矣。接督之自皖來信，沉思中夜方知之。際輝談韓青天的笑話，引起了大談軍閥出身問題，可知湘、川及北方諸省之過去軍人，盡係草莽英雄而起焉。

1月18日

臀部患瘡甚劇，精神痛苦之至，雖為星期假日，仍不得赴郊外散步怡神。乃集中思慮，鼓作勇氣，一口氣寫完了一篇黨義論文「怎樣提高革命戰鬥員鐵的紀律與幹的精神」。寫到渾渾乎覺其來之易矣處，連瘡痛也全然忘掉了，讀書之樂，誠能超越一切矣。全文約五千字，內容雖似豐富，但都老生常談與陳舊處，無新穎之材料、有力之推論、富足之情感為之生色，實為最大之缺隙所在。今後加強時代之認識，智識領域之擴充為要。

1月19日

上午紀念週因瘡痛未參加，利用此時騰寫了黨義論文一篇，計字數約在五千左右，迄下午三時甫畢。此次以最大之恆心與勇氣寫作，幸告完成所望，內心實無限自慰。且為自來六政後之第一次公開參加寫作，是否落取，固為另一問題，但此種力求克服懦弱之行動，能獲到切實之鼓勵，實給余對新年未來讀書與工作之展開，奠定了無限的希望心與堅強之自信心矣。今後余當把握時機，練習寫作之能力也。

1月20日

瘡發甚兇，坐立不安，痛苦殊甚。業務得申、王二同志之協助，已覺力量充裕，然不能妥為指導與研究，作體集有效之展開業務，私心頗為不安。蓋浪費人力於不必要之業務，或不能善用人力發揮最大之效運，皆

有負於國家人力之運用也。拙作請教於丁科員修正,發覺大體尚可,不過措辭尚艱澀為苦也,略加修正,似當然者。見教於儲兄,則謂病在「常識不豐富,推論不生動,感性不豐富,引不起情緒」,乃對新思想之材料與技巧上似未能新穎也。

1 月 21 日

近日本部伙食甚差,每日青菜蘿白,無油無鹽,營養上大生問題,同仁殊覺不滿,然物價之飛昂,固亦為主因也。今日專力於各種彙報表式之油印,親為監工印刷,尚佳。凡事躬親督率,則效能倍增,貨亦較佳矣。踏實之要,明矣。

1 月 22 日

報載新加坡危急,吾人對南太平洋之現勢,殊為憂惕,此種英美忽視太平洋戰局之戰略,實使吾人無限憤慨!緬甸已遭暴日之進攻,前日吾人期望以緬攻泰者,今反成以泰而進攻緬矣。國際之不足恃,豈能逆料,出人意外者,比比皆是。國民乎!勵其自力更生獨立作戰之堅強信心,方能渡過一切艱危,而達最後之勝利也。中夜,夢返東海,相敘歡然,誠不知何解也!工作納入正軌,時間亦稍裕,擬學習辦稿公文也。

1 月 23 日

下午,赴長官部衛生處治瘡,該處竟一無所有,連最普通之硫磺藥膏,亦付缺也。藥上囑自購凡士林壹

兩，俾代調藥膏塗敷，今日物資之艱苦，誠實嚴重之問題矣。請黃科員綬代購布鞋，價念元，但太小而退之，價昂矣。

1月24日

指導室與士龍、向樸研究寫作，並閱君淮一稿，此文為文言所寫，故內容上似嫌不足，修辭上則幾經修改，或可通順矣。代擬向樸一稿綱目，覺彼文亦患老套之病也。卓如自城返，談及女政工隊員之生活，殊覺在此浪漫之環境，實不易使一女青年走上光明之正途也。劍公出任湘民廳之說，甚囂塵上，是否屬實，則待之返部後可知也。

1月25日

天時久為陰雨，棉被蓋已數月未洗滌矣，請老百姓洗之，計連內衣壹套，共價叁元，可謂駭人之昂貴。購凡士林壹兩，計洋貳元，至衛生處調藥，敷後即見效，今日已漸愈矣。下午，在辦公室剪貼紙報，擇所喜成貳冊，頗自娛。

1月26日

紀念週，張科長世愛出席報告荊宜戰役赴前線工作之概況，茲摘述有價值諸點於後：
（1）工作之計劃與動員，事前沒有充分準備，臨時跟不上戰爭之行動。
（2）慰勞品應該注意其需要性，前方傷兵之適宜赤糖

慰勞，實遠勝豬肉，牛奶等之慰勞也，一面有益病體，一面又價廉而容易徵募。

（3）前方藥品，貴在通用藥品之大批供給，俾得治療於初起，易收醫藥之速效。否則以價昂十倍之藥品，治療延長時間不治之傷患，其效果遠小於當初治療之十倍而弱也。

（4）前方之看護工作，需要大批女同志到前方去服務，以女子之細心忍耐性，才能妥為照料傷患。

（5）兵站醫院之政訓，仍擬恢復，而軍民合作與情報工作，宜經常建立，合作站今後應擔任戰時傷患救護與運輸之重責。

（6）嚴重的一個問題，就是淪陷區青年之被敵偽攏絡，偽青年團之發展，頗為迅速而澎大，戰地大批青年，皆為敵偽利用，而作不利我軍之間諜或搗亂工作，實屬可惜！可驚！以有智識之青年，經國家培育後而致敵利用，誠屬痛心，此乃亟宜設法補救而解決之青年搶救問題也。

與宋同志立功口角，自覺意氣用事，有失修養工夫，愧悔之極，宜戒！

1 月 27 日

馬來戰局已告結束，新加坡更形險惡，吾人誠實失望！而英美當局，尚大言大西洋為戰爭重心，太平洋僅為副戰場而已。此種論調，殊使吾人不滿，請問一旦太平洋海空權盡為淪陷，日本既獲南洋之資源與據點，則回師挾擊蘇聯，進而會師中東，英美果將假計乎！英美

不能集中全力打擊日本而摧毀之，實為養虎貽患，所見
短淺矣。值此時機，吾人僅有力圖自給自足，待敵人之
消耗與國際戰爭之轉變也，國內物資之統制，亦宜有效
統制。

1月28日

　　柳主任自渝返部，傳言已為煙散，據表示謂：本戰
區機構人事無變化，在渝所討論者，僅為日後配合國際
作戰時之機構調整與人事異動方案而已。局部之戰區調
整，則一戰區之蔣鼎文繼任，已成事實，九戰區則三次
湘北大捷後，或空氣緩和而暫不動矣。傍晚，同學聚談
前年團內往事，無限沉痛，慘痛之象，歷歷目前，更不
勝其傷心疾首矣。

1月29日

　　連日來聞號即起，屬行早起運動，同時舉行古文精
讀，深覺歐陽修之文，條達疏暢，紆餘委備，氣盡語
極，急言竭論，而容與閒易，無艱難勞苦之態，獨為一
家之文也，余甚喜精讀焉。辦理各單位人事概況登記之
調製，進行頗為迅速，自慰。報載馬加撒海峽海戰勝
利，開英美太平洋海戰獲捷之先聲，稍慰，此後增援之
軍力，更可望漸至矣。三子飯（沙子，穀子，稗子）相
當感冒，頗難下嚥。

1月30日

　　一年之計在於春，時光迅速，春之三分之一，又過

去了，究竟計劃了什麼，自己捫心自問，委實無以自
對，馬齒徒增，年已二十有五矣。人生三十而立，今距
立期已迫，而己一無所長、一無所學，將何以立之乎！
前途究竟趨何事業，從何準備下工夫，政乎，軍乎，黨
乎，商乎！貽蓀乎！其迅起而立志也，否則歲月虛擲，
老大徒傷悲，復將何顏見東江父老乎！更何對乎九泉之
母與祖乎！！

1 月 31 日

　　各單位人事概況調製，今日已得完成，裝訂成冊，
開本科人事統計之新猷。惜人力與技術之運用上，尚諸
多困難，當謀研究改良也。參加張同學林旨等之便餐，
普通幾個菜，外加菸酒為娛，計洋壹百伍拾元矣，昂
貴為之驚人。飯後同學各獻娛樂一則，余以性之不近，
無以應對，窘極！此種應用技術，吾人誠應稍備，余素
忽視，至每逢場作戲，倍增個人之痛苦，今後似宜力
求改善。況人生衣食住行育樂為六大需要，豈能盡棄
「樂」乎。

一月生活檢討表

工作與讀書

重要工作	1.彙報之研究改良，力求改善運用，以臻健全彙報業務。 2.人事概況之調製，展開調查統計之業務。 3.協助卅年度年終考績案之資績審核工作。
工作的困難 與缺點	1.登記業務與統計業務尚不能密切配合。 2.人力之運用，不能合理化，故不能發揮最高效用。 3.過去彙報辦理錯誤殊多，影響於目前之業務。

讀書數量與名稱	1. 訂閱「中周」，讀廿一～廿三期。 2. 經常閱讀報章。 3. 選讀古文：縱囚論、朋黨論、伶官傳論、醉翁亭記、真州東園記。 4. 總裁言行之選閱。
研究問題	1. 彙報與統計業務之改進。 2. 時事問題：太平洋戰局之趨勢。 3. 怎樣提高革命戰鬥員鐵的紀律與幹的精神。
特別心得與疑難問題	1. 學習寫作黨義論文，對於寫作興趣，增強不少，對於寫作，頗具研究精神。 2. 對於業務發展，自覺改善處多中肯而合乎需要。 3. 選讀古文，想見古人之刻苦力學，殊深欽仰，理之精闢，又佳。
未完成的工作	三十一年度業務計劃大綱（上半年度） 三十一年讀書計劃 分類登記之研究改善，與統計之聯合問題。

生活的教訓	一、實行早起運動，稍能裨益健康與進修。 二、早操無形停頓，影響於身體之鍛鍊。 三、意氣太甚、脾氣太燥，生活顯示不安定而靜。 四、須從靜、敬二字用工夫，力求規律生活。
須改正的過失	一、言語土音太重，亟宜設法改良。 二、辦事尚欠精密，忽微處又多疏漏，似屬浮而不實之故。 三、好多言，動輒論人短長，宜力戒。 四、經濟支配不能保持平穩，今後宜量入為出，力戒借貸預支。
健康狀態	一、患瘡兼週，影響精神頗大。 二、慾念衝動，似宜從讀書中去抑制，俾免害身心。 三、衣服汙穢太甚，今後宜注意衛生，勤洗補整理。
團體生活與交際	一、不能誠以感人，行為欠嚴整，隨便意氣時，宜稍戒。 二、同仁間尚不能博取友愛之增進。 三、朋友同學間尚無懇切誠摯之通訊策勵。
發見與感想	一、從速確立事業之前途，決擇讀書之中心。 二、國際形勢更形艱險，須忍受更艱難之苦鬥。

2 月 1 日

　　最近改善設計之各單位人事概況登記冊，業已調製完竣，經科長核閱，尚稱滿意，擬呈主任核閱，並作今後本科人事統計資料之依據。下午赴涼水井一遊，藉以曠心怡神也。赴電訊五十八分隊，擬探詢昌煦近況，未得要領而返。悵甚！同苦之難友，應督勸其上進，否則有負同學之義，殊屬負過矣。讀英首相邱吉爾氏之演說，偉大政治家之讜論，吾人佩仰之至，讀至不惜任何犧牲，以換取對日妥協之過去遠東政策，吾人毛髮為之慄矣。設一旦上年十二月八日狂犬不吠，則今日之國際尚不知如何也。

2 月 2 日

　　紀念週，主任作詳盡之報告，分：（1）國際作戰配合問題；（2）戰區調整問題；（3）軍政分治問題；（4）太平洋現局；（5）政工本身與部務五大項闡述之。

　　（1）吾人配合國際作戰，今日時機尚未成熟，正待籌措中，一俟二月赴美軍事代表團抵華盛頓後，再作具體之協同商討，然後英美太平洋均勢轉變之際，方可見諸實現。

　　（2）戰區之調整，在人事上之健全，配備上之充實，兵力上之集中，重點之確立，攻守性能之計劃，俾配合總反攻之要求，正由最高統帥部策劃中，說不定何時。今年吾人須待反攻也，而收復宜昌，進而克復武漢，又為本戰區無可旁貸之職責，為每一同仁所負之使

命也，否則吾人將抱忍終身。

（3）軍政分治，為九中全會之決議案，現行八省由戰區長官兼主席者，均當擇急分治，而專職成。然本戰區與湖北省情形特殊，過去藉軍政之合一而有今日之政治上軌與民心安定，在新湖北建設剛始奠基之今日，此種計劃實有貫澈完成之必要，故本戰區之分治，更將例外而待最後之實行分治也。

（4）太平現局，雖云危險，然無論如何，敵人亦有相等量之消耗。在今日空軍之增援前來，海運已受脅迫之現狀也，日本亦困難萬分，則多消耗敵人一分，愈接近吾人勝利一日。故無論如何，太平洋戰局既起，對吾人誠屬有百利而無一害，英美之正視吾人，至今日乃真知之矣。

（5）政工本身之諸多問題，已向總部面請解決，結果圓滿，軍民合作站亦無問題，部務進行甚佳，今後益當勉勵。附告重慶生活程度之高，十倍於恩、黔，而恩、黔之物價，則為全國十三省中之最低者也。

2月3日

覺近來身體健康太差，於攝生上頗有妨害，決心增強保健之決心，戒絕一切不良之習慣，運動與營養太差，亦宜注意之。讀書與生活不上正軌，似屬非宜。今日特抱定決心，擬訂生活規律拾項，刻意勵行之。

（一）清晨醒後即起。

（二）運動練習排球與練步拳。

（三）選讀韓、歐之文，忠義之作。

（四）閱報前衛、大公、新湖北日報。

（五）閱雜誌中周、三民主義、新認識、新政治，定期刊物。

（六）研讀總理遺教、民生主義、地方自治、統計學、五筆檢字法。

（七）箚記恭摘讀書心得二則至五則。

（八）日記，每日一則。

（九）健康、衛生與攝生之注意（增強營養）。

（十）生活，從「靜、敬」上用工夫，力戒呼喚「別號」、「說話太俗」、「做事於忽微處疏漏」、多講空談、多論人長短。下午七時代表一科參加伙食委員會開會，今後伙食之改善，惟委員同仁中之努力為斷。此次人事登記工作，由余負責。

2 月 4 日

近日因本科羅科長赴渝出席全國政工會議，各科室趕辦卅年度總工作報告與年終考績案，故通宵達旦，工作緊張，司書油印更是忙得一榻糊塗，不可開交。余被選任為第三屆本科伙食委員，開會被推任人事登記之職。查本部之伙食，因四科不克全力舉辦，副官則揩油成風，伙夫則削剝成習，致每況愈下，更值物價飛漲，更為日為下降矣，本屆將力圖改善之。

2 月 5 日

下午，羅科長赴渝出席全國政工會議，啟程赴黔

江。得桐哥自昆來信，謂近況尚佳，偉姊因平日常流於
遍急，故偶有失意事，不復肯稍作忍耐，而前致吾弟一
函，即傾瀉而出，發洩既盡，則胸懷亦寬。至方城之
戲，為消遣、為應酬，偶一為之，庸何傷？今則為免偉
青之刺激起見，亦不復再破例入場矣。過去之久疏作
書，則因繁雜不堪，應付於事物之間也。偉青姊信謂，
固非有意絕對不要他逢場作戲，實在處此生活程度狂漲
之中，對於前途尚焦慮萬分。且在家與三叔、新嬸等意
氣相左而出，好勝者，總想將來回家，得稍有積蓄，庶
不致被仇我者所笑也。江蘇可從金華經過發平信至昆，
約費時一月，祝三、祝平皆甚佳云。附上近合攝照壹
楨，桐哥精神殊佳，但稍瘦，偉青則似瘦而憔悴，二姪
活潑可愛，可慰之至，覆信勉偉姊注意身體之珍攝。

2月6日

　　科務稍暇，但整日為伙食委員會之事，耿耿於懷。
今日因上屆岑副官移交不佳，由申科長禁押之。伙食之
辦理不善，甚為同仁訴病，副官與給養上士之揩油，誠
屬痛心，本屆委員已抱盡力改善之決心，諒必能得到相
當效果也。美已貸我五萬萬美元作財政經濟上之援助，
新加坡尚堅守待援中，但緬甸局勢甚緊，脅迫滇緬路之
交通，影響吾人至巨，憂甚！

2月7日

　　本屆膳委會正式接辦伙食，同仁等「義不容辭」，
切實的負責幹去，抱定「過去不好，現在我來幹，實

幹，幹好為止」的決心。今日試辦的結果，各方影響似
甚滿意，伙伕的管理問題，似亦得順利解決，要之能賞
罰嚴明，無有不接受好的指導也。岑副官居心企圖揩
油，冒報菜量與價格，經禁閉為戒。本日為第二小組新
編後之第一次開首次討論會，本小組因組員水準不齊，
致討論空氣殊嫌寂寞，本人提議下屆開會時，應由指定
擔任主席者，先行搜集材料以供組員之閱讀參考，然後
開會之際，則任何人不得放棄發言之義務與權利也。今
決定本小組之中心工作，目前為舉行組員之訓練，俾發
揮其小組之效用與價值也。為增進營養起見，購雞蛋叁
元，計每元叁個。發致桐哥蓀、偉青姊、祝三、祝平兄
信一件。緬局日緊，危矣！

2 月 8 日

公家發土白布壹匹，價洋玖元伍角，較為便宜，攜
赴長官部合作站製襯衣壹件、短襯褲壹條，工洋陸元。
旋赴長官部軍務處沙同學曉峯家，略談同學動態，悉桂
教育長已返國抵渝，有憲兵司令之呼聲云，在渝同學
成就尚可，皆能博得主官之愛戴，稍慰。據沙同學稱，
長官部伙食有二葷、二素、湯，遠勝政部數倍，最大原
因厥在自種菜疏與自養豬仔，副官亦辦理得法，價僅拾
捌元，較低我政部也。自忖此種現象，吾人同樣服務於
國家，而收之待遇不同，每人以收入二分之一充作膳
費，尚不能求適當之營養，而副官等辦理之不善，更為
痛心！下午，發華習之、華漢民、寇建中、朱靖、丁石
信各壹件，並邀朱同學能返六政工作。晚與鄉兄倰科員

燦如談家鄉情形，憶念家庭，懷念不置。談軍需獨立問
題，知實際困難厥在軍需之供應能否應付，與部隊之能
否協助也。

2月9日

舉行總理紀念週，張主任秘書肇融報告部務，及講
解總裁訓詞，領導機關與辦事要領，要點在「大處著
眼」、「小處著手」，並勉同仁及時準備，以增強反攻
力量，尤要者在加緊訓練、切實檢查、提高士氣三項，
今後又應準備總校閱及適時之反攻也。清晨，熟讀歐陽
修縱囚論、朋黨論二文，過去僅讀而未熟，仍屬讀而無
得也。今後精讀古文，決採讀熟背誦一文，再讀第二
文，俾求其澈頭澈尾領悟其奧藏，而收精讀之益也。近
日似稍閒，但仍不能專心讀書，私甚悔無讀書求進步之
勇氣也。整理第三小組討論題之摘要參考，今後為負
起對黨之使命，決心加強本小組之黨員訓練，每次討
論，廣搜參考資料，以為各同志之參閱也。今日為舊曆
二十四日，俗名為「小年夜」，每逢時節倍思鄉，遠念
家鄉淪於夷狄，耿耿不釋。

2月10日

為王科員澤民餞行，自烹雞壹個、豬肉六斤，在辦
公室痛飲，味甚道地。今日此種吃法，實屬最經濟而得
實惠也。午夜，為劉伯良赴河口場任站指導員，又為餞
別，在中山室大吃一頓，但肚子已飽得很哩，僅少進而
已。至十二時許睡，時已晚，疲甚，閒談「性」問題。

據資格老練的同仁說：（一）百里之後，不可房事。
（二）房事之後不可吃冷物或受冷氣，暑天更不可吃西
瓜。（三）久別歸家，須注意週室動態及臉面氣色。
（四）與人房事，須注意房內有無他物——狗——。
（五）年高之女子或久別後之回家，須注意玉鼠之為
害，可用鐵鉤之件，溫水熱後，外包油皮，先行試而除
之。（六）不可過勞。今日熟讀伶官專論，余對「滿招
損，謙受益」、「憂勞可以興國，逸豫可以亡身」、
「禍患常積於忽微，而智勇多困於所溺」數語，得深刻
之體念，而有得也。

2 月 11 日

　　熟讀真州東園記，至「三君子之材，賢足以相濟，
而又協於其職，知所後先，使上下給足，而東南六路之
人，無辛苦愁怨之聲，然後休其餘閒，又與四方之賢士
大夫共樂於此，是皆所嘉也」。甚感歐公為政重民，為
民生而立論之遠矚，未審今日之為政者，知所效法乎。
否則，藉材以濟惡，憑職以行私，捨抗戰建國之重責而
不顧，徒奔走於財貨之中，吾信歐公有知，必將痛而罵
之矣。得中大軼叔信，知學校當局之腐敗，學生以混資
格而來，校方為牟利而唯圖，痛心屬甚。月姊自貴陽中
央醫院來信，謂工作甚忙。此二信皆書明戰政者，而軍
郵局誤投長官部，真是豈有此理！午飯之際，門齒旁之
第二齒損毀，流血之，返辦公室取下。蓋此齒原係不
健全者，曾屢為患，今日去掉，除有損觀瞻外，實無
他損也。

2月12日

天氣驟寒，奇冷而雪花紛飛，水亦冰凍矣。赴長官部軍民合作站新製襯衣褲，今日取回，費洋陸元，合計連布價拾元，為拾陸元，尚算便宜也。赴軍務處稍坐，知此次部隊又改組編制，減去師之直轄部隊，而擴充軍之直屬部隊與人事經理之權力。今後師僅負指揮作戰之職而已，政工是否隨之改組，又屬問題矣。報載星洲敵已登陸激戰，其勢已緊迫矣，緬甸之仰光，亦已告急。刻我大軍已增援仰光之保衛戰，諒必能在與友邦並肩作戰之下，摧毀倭軍之進攻也。膳委會之辦理，雖竭盡全力已赴，然煩難殊甚，新標準之伙食，迄未能訂定與批准施行也，擬提高至廿五元，明日決心設法通過之。傳令兵無人管理，殊屬不盡責任而放蕩，今日余自認擔此暫時管理之。

2月13日

整日為了伙食委員會的新伙食標準忙得要命，親自到主任秘書處請求批准，結果還是碰了頂子，老繆（濟麓）事前沒有明白清楚，當場言與所簽不符，更是笑自己的話，更發了我的一場脾氣。伙食標準是按階級攤派，今日又按階級遞增，而大官雖收入較豐，仍是不願多花錢，小官實在太苦，又奈何。值此苦得清楚的政治部，要為公家謀大眾幸福的事，可謂難乎其難矣。報載委員長長訪印，中印領領相晤，情感密切，當能加強合作，有所貢獻於民主國家同盟之反軸心戰爭也。

2 月 14 日

今日為三十年古曆之大除夕，瑞雪紛飛，竟日不止。下午，本科同仁圍爐談天，頗娛慰，發家書、軼叔等信四件。晚，邀集文思等二十餘人舉行茶會，清唱、胡琴、京戲、歌曲、舞蹈、龍門陣，熱鬧異常。旋沽酒痛飲，丁科員巨任、劉科員典、鄭科員光耀、劉科員級階、儲同學文思、黃同學紱、姚同學士龍、陳同學壽昌、林同學鴻藻、朱幹事立功等，皆參加之。舉酒暢飲，情之所欲，志在一醉為快，呼拳為助，聲澈政部。約至十二時許，陳同學壽昌（錫邑老鄉）、劉科員典有醉意，先後沽酒千餘元，盡為快飲完矣。陳、劉醉後情發，大為興濃，高唱京戲與衡曲時許，旋扶入寢室睡之，但酒性益發，又二時許方疲困入睡。壽昌酒醉中，思鄉之念倍切，余隨其旁，同情於裡心者，實難言喻，然又強勉慰也。至雞已報更，始就睡，今日之除夕，可為快慰矣。

2 月 15 日

年初一的印象，是不可泯滅的國民習慣，當然要無形中停止辦公而暢娛了。起床後，繼即促膝圍爐閒談。旋觀庭園中之雪戰，此已七、八年未見之矣，漫天大地佈滿著銀雪，大自然顯得格外潔淨光明，給予我抗戰勝利之信心，加強了十二萬的信心。旋在辦公室聚餐，大快口福。下午，赴山野觀雪，並踏雪前進，憶離家鄉至今，乃為首次之遭此大雪，更得而欣賞雪景也。傍晚，君淮等來圍爐談天，君淮鍾情特深，以家中愛人相詢，

不覺為之低頭而下熱情淚矣。然余等亦情之至深者，但空自以悲，徒損身心，與事實又何補實益哉。此次渡歲加菜、吃酒，並賞傳令兵，計每人化洋捌元有奇，尚節約。

2月16日

今日大家的心裡還是很不願辦公的樣子，我也繼續樂其所樂的玩了一天，先後同士龍、君淮散步到托腰樹觀雪。報載新加坡守軍投降矣，攻不破之要塞，竟如斯而已！使吾人益發自信外人之不足恃也。今幸委員長訪印，而闢開遠東與中東之光明，否則今後太平洋之局勢，吾不知英美將何處乎？附近聚賭者，大有士兵焉，由民訓室捕之。前衛日報工人罷工，難矣！碩俊參議！據知者告余，謂此次年終考績，余之評語為「匠心獨到……」等二句，列84分云。鴻藻之評語為「振作有為……」等二句，君淮為「銳意精進」句，士龍為「學能俱優，毅力稍欠」二句。余仔細思量，似亦甚恰當也，余做事能有條理而計劃去做，確屬稍長，但振作與銳進，似較鴻藻、君淮為差，宜有以效法也。士龍毅力稍欠，雖非本身固有之毅力為欠，實為意志動搖，不能安於工作之意寓焉。得道明信，余對其擅離特團他就，深感不滿！

2月17日

今日為余擔任伙食委員之監廚，終日化許多時間在廚房監督，對於個人殊屬損失，但為謀整個伙食之改

善，不得不然也。伙伕管理似易，甚能忠誠服務，彼等生活較苦，能如斯工作，似應嘉許。惜過去為副官與負責管理者之愚弄與虐待，致造成一般人輕視與不信任伙伕之心理，實屬非是也。新加坡已正式陷落，太平洋前途，殊為憂慮。接子貞信，近況似佳。月來工作皆未能循序推進，憾甚！

2 月 18 日

久未洗浴，今日燒水行之，稍覺週身舒爽。新加坡之淪陷，星洲英軍七旅二師之眾，盡被俘虜，英督亦遭扣留，可謂慘敗矣。此為敦克爾克之役之後之最大損失，而共計六萬戰鬥員之全數損失，又為作戰來空前之記錄。緬甸英軍亦後撤，已入新階段，距仰光僅一〇七英里。英國之脆弱誠使吾人意外之不可想像也，幸我大軍入緬，或可挽危遇於千鈞一髮之際。而我領袖之訪印，更可協調英印問題，而加強中印緬之防務力量也。澄邑西鄉小湖鎮同鄉徐君道卿，原為戰一團四期畢業生，服務於本戰區特黨部少校幹事，今辭職赴渝他就，與壽昌、文思送行，並小別於餐室，吃麵與包子，聊以寄情耳。萬里外遇鄉友，誠屬萬難，今忽言別，心中殊悵，然無以慰彼與自慰也。工作積壓，心中不安之甚！

2 月 19 日

接子貞自耒陽銓敘處寄來大批關於人事法規之資料。今日為余任監廚之第三日，自覺勉盡厥職，堪以自慰。下午，在廚房時，陳副官擅將公用菜刀隨意亂砍豬

肉之硬骨，雖經伙伕勸請愛惜使用，余亦招呼注意勿使
損壞，但仍不顧一切亂砍，致刀口毀其大半，伙伕甚為
可惜之。余心甚不平其所為，乃給予此後對於公物之愛
惜使用，請儲科員通知之，亦含有警告之意。晚，三科
粟同學擬將再度赴湘，決心請購皮鞋壹雙、陰丹布褲料
一份，但空袋如洗，錢將安求？結果，向四科王科員玉
崑商洽借移壹百元，蒙慨允之，心甚感其為人之豪爽，
然自忖亦信用之所至，無論如何，應早速設法籌還才
對。九時許，與君淮、士龍赴民家談天，論及做人問題
及各同學之短長，蓋意在惕勵也。自思缺點尚多，不
知將何從而補救之？久為揩油他人之用，亦屬欠妥！
注意！

2月20日

　　登記卅年度考績案及第十軍編配案，一口氣幹完
了，心中似甚殊快！太平洋局勢日形險惡，日已控制麻
六甲海峽，而有集中海軍印度洋進攻印度之勢，果爾，
則印度一旦不保，民主國家東西之連絡，勢將斷矣。危
矣！晚與同事諸君討論太平洋局勢之展望，爭論甚久。

2月21日

　　寢室衛生平日欠注意，發生嚴重之危險性，今後當
急圖改良而設法清潔也。袋中如洗，今日僅存之一元，
又被人梯頭借去，自己竟無錢梯頭了，可笑。今日為小
組討論會之期，本科對於太平洋戰局問題之討論，先行
熱烈之辯論。下午，整個精神為應付小組會議而努力，

應有此種精神，方足負小組長之職，與前進之黨員也。普遍搜羅太平洋有關之資料，提供小組之同志參考，余任本次主席，故又特為注意及之，結果甚屬完滿，同志俱能發表意見，殊慰，較之前次僅二人發言者，余真獲得勝利矣。晚，剪貼太平洋戰事有關資料，及新中國動態、戰火中的歐洲，貼報本三冊，個人甚為欣慰。晚飯後，首次參觀打倭寇球戲。

2 月 22 日

整潔是能使身心愉快，所以常常利用餘暇整理桌上什物，亦所以清理積壓之有無也。劉同學邦金講話欠妥，我坦誠糾正之，致引起誤會，微生口角，甚憾！今日為星期，同學五、六人相邀遊山，至主峰俯視山谷，公路迴轉出沒，汽車揚塵而過者尚有，山坡開植者頗少，滿目柴林而已，溪澗偶有一二，略有青蔥之麥苗點綴。日出暖溫，露胸暴於日光之下，微有倦意，約三時許返部中。覆子貞信，論人事行政，並商挪數十元以濟急用，求償挪款也。

2 月 23 日

英閣改組，加強戰時內閣之力量，親蘇與睦印要員克里浦斯入閣，諒今後英對遠東及近東、中東之措置與戰略，必有進步之改善與更張。領袖離印返國，發告印度國民書，並熱望英國給予應有之自由權利，俾解決一切問題，併肩努力作戰。外國政論者評委員長印度之行，亞洲已為亞洲人之亞洲矣。可慰！

2月24日

　　士龍盛火之餘，發洩脾氣於某上士之取排球網，及對儲同學有不滿之表示。近日余實深悉姚、儲二方俱稍有隔膜與不諒解的地方，故恐誤會加深，赴三科詢事之起因，係因某上士太無禮貌而起也。旋稍慰士龍後，即訪文思，不意彼亦盛火成性，誤解余意，又復向余高聲相詰，余笑而置之。返家後，文思繼數時後而至，又談詢此事。壽昌乃呼士龍至此，共詢究竟而明之，知仍皆係無逕，查無中生事。緣在士龍身為體育組長，應妥為保護公物，而儲之使人取回保管，亦應通知士龍，而上士之漫不答人所詢，又屬無法禮之極。而姚、儲之稍有誤解對方，與火氣太盛，要亦俱皆非是也。下午吃飯後參加打倭寇球戲，余頗佔勝利，精神至為愉快。近日公務紛雜，不克讀書為憾，謠傳政工又要改制，真是不知制有多少了！

2月25日

　　清晨選讀古文「上歐陽內翰書」，對蘇公之二十五歲而發奮以古人自期刻意勵行，能取古人之文，兀然研讀，無限觸感。余今亦已廿五歲矣，自顧一無所學，將何以自解乎。國學為國民之根本，必求有以博通，吾將致力於國學中忠義之作之選讀也。閱中周蔣經國先生「父親怎樣教我讀書做人做事」一文，讀書一項中首重孟子，其次重「仁，人也，義，路也，……舍正路而不由，哀哉！」「天將降大任於是也，必先苦其心志……」。次為伊索寓言，如龜兔賽跑，為什麼烏龜走

到前頭，兔子反而落後？一犬銜肉遇橋，見水裡另一銜肉，想一併取得，終於把原來所銜的一塊肉也去掉了。他更重視選讀曾國藩家書，和王陽明全集。做人一項中，首先最注重的就是環境，由於環境不良，不惜因此搬家，主要項目：（一）青年要能夠支配環境；（二）青年切忌驕傲；（三）不要存心倚賴別人的心；（四）不要好出風頭，不要造謠；（五）不要批評別人；（六）不要偽裝門面；（七）對人要誠懇；（八）戒輕浮（浮躁輕薄的習氣）。做事一項中：（一）處理事務要提綱挈領；（二）做事要有始有終；（三）精神萬能而非金錢萬能；（四）不斷反省，對得自己良心嗎？對得父母住嗎？對得國家民族住嗎？（五）不要存做大官的心念；（六）不要空談，而要實際去做。

2 月 26 日

接克誠自渝來信，知已在月之八日在渝軍委會舉行畢業典禮，彼二年之攻讀軍需學，已告完滿成功，殊深慶慰。回憶昔仟進團受訓，彼則同時進軍需學校也，互以努力自勵，今來信述及畢業名列第二，且得校長、部長皮包、呢料、書籍之獎贈。欣慰之下，倍為愉快萬分，日後仍願更深為砥礪發奮，以期齊頭並進也。彼之同學泰半來六戰區試辦軍需獨立之實施，彼以學優分發渝「馬蹄街三號」軍政部第一被服廠工作云。今日本部論文競賽揭曉，余以拙作入，竟名列第一，殊為僥倖之偶爾矣，然亦足自慰於演講競賽之失敗，與夫鼓勵寫作之興趣也。天下之事，持之以有恆，力取之，固未嘗有

不可取者也。貽蓀，勉哉！勉哉！

2 月 27 日

　　午飯後至山谷斜坡中行日光浴，靜睡裡袒胸曬約時許，頗覺舒爽，大可藉以增強身體之康健也。讀蘇洵上歐陽內翰書，尚未精熟。天氣稍熱，已有倦意。

2 月 28 日

　　本月又告終矣，伙委會幸告完滿結束，尚稱如意。此次儲同學文思統籌之力甚大，而李司書木森與魏科員上縱之克盡厥職，深為欽佩。今日青年做事，實應有此種見義勇為而服務群眾之作風也。本部伙食營養甚差，同仁咸感不足，此次伙會雖竭盡力量稍為改善，然仍不克達於希冀之望也。

一月生活檢討表

工作與讀書

重要工作	1. 辦理膳委會事務。 2. 清理缺照片之工作人員姓名，通令補呈。 3. 登記第一批考績案，第一〇軍編配案，整理各種登記上軌。
工作的困難與缺點	1. 伙食辦理因限於物價之昂，與本部可利用之人力不足，辦理似屬困難。 2. 照片一項，各級補呈非易，且物價昂貴，洵屬不易攝拍也。 3. 登記工作，似嫌繁雜，彙報亦然，尚宜力求簡單便捷。 4. 工作欠生動之氣，且缺進展之可能，似覺枯燥。
讀書數量與名稱	1. 精讀真州東園記、醉翁亭記、上歐陽內翰書，及復習上月所讀。 2. 中周及總裁訓詞七種，報章日必閱之。 3. 剪貼太平洋問題、大西洋問題、新中國動態專輯三本。
研究問題	1. 太平洋問題之發展。 2. 伙食改善問題——標準伙食價問題。

特別心得與 疑難問題	1. 黨義論文競賽現已揭曉，余獲第一名，增強余之寫作自信甚多，但工作時間太忙，仍不獲時間學習寫作也。 2. 略知伙食辦理之情形，而知事務之常識。 3. 選讀古文，自覺進益甚多，清晨空氣新鮮，且俾益身心。
未完成的 工作	1. 人事概況冊（二百份）。 2. 業務與讀書計劃仍未擬訂。

生活的教訓	一、早起已實行一月，頗能保持，進稀飯後，即散步與精讀古文，皆有益之。 二、生活似較上月為入軌，為伙食委員所擾，又多意氣處。 三、以讀書以求自娛，精神寄託求學，似甚適宜也。
須改正的 過失	一、做事有始有終之精神尚欠，以參加伙委員之情形即自知矣。 二、讀書不專，且不能控制時間于讀書。 三、做事計劃與現實，尚在切合，更當力求與際輝之協作。 四、應酬與交友似有各處太多，當力求可能範圍內活動些。
健康狀態	一、瘡未復發，精神尚佳。 二、以讀書求自娛，精神苦悶稍解，而覺有所自慰者。
團體生活 與交際	一、因力求實現早起與選讀古文，此風大有推及同學之效法也。 二、同仁感覺營養不足，皆面黃肌瘦。 三、當局甚少顧慮部下之痛苦，似有難言之隱，浮於同仁之中。
發見與感想	一、凡事持之以恆，貫之決心，無有不成者，論文競賽其例也。 二、個人學養太淺，宜更加緊學習也。 三、物價日高，日用品宜早為籌謀，以防後思之苦。 四、各級人事浮動，五日京兆之風甚熾，自願安於本位如我者，洵屬希矣。

3月1日

　　古曆之正月十五日，俗之元宵節，天氣晴朗，春意盎然，散步山郊，心胸舒暢，獨舉目無親為苦耳。書桐蓀哥、克誠、賢文同學信各一通，與克誠奮鬥淬礪互勉，求他日有所成就，而吐吾胸中之氣也。午後曝於日光之下，且讀剪報，興濃。晚與壽昌、倍萱赴民家小食，苦不得佳者，旋赴馬路飯館炒麵，味可口。蓋百無聊賴，惟求口福以消受苦悶也，否則，良夜將何為乎。

3月2日

　　上午，清晨選讀蘇軾「教戰守策」一文，蘇公高瞻遠矚，值國家承平之時，力言「天下之民，知安而不知危，能逸而不能勞」，乃國家之大患也，忠誠謀國之灼見，高出迂儒多矣。讀此，則知天下雖平，忘戰必危之說，誠篤論也。旋舉行國父紀念週，先後由特黨部楊視察委員、本部華督察員報告視察情形經過。主任作結論，申述有裨益於人事與意見公開之價值，對於所屬單位之優劣作坦誠之批評，俾公開之借鏡焉。一般則特黨部機構與人事尚未健全，本部則有待嚴密考核督導與訓練也。政工改制後之新精神較佳，上下風氣大有丕變之氣象，洵屬可喜，主任不明實際人事情形，有根據數月前之視察時情形立言者，蓋實已差之千里矣。今日，開始閱讀高一涵先生所編「政治學綱要」一書，此乃探究政治學常識之基本書本也。弁言中高先生提出研究政治學的態度說：「我以為一黨一派的政治家，可以帶上有色彩的眼鏡子；而正在研究政治學的人，似乎以不帶上

有色彩的眼鏡子為妙。因為科學家在試驗室中要有二種態度：（一）謙虛的態度；（二）誠實的態度。不堅持自己的先入之見，謂之謙虛，不抹煞一切學說的真正價值，謂之誠實。」我很欽佩這種見解，我很願以這種研究精神建立我的政治學的基礎。晚，閱第一章導言，第二章政治學的方法，係粗讀，尚無心得也。

3月3日

天氣陰而雨，又為寒氣襲人矣。國際形勢日非，伙食日差，悶氣沉沉，於心際苦不得釋。讀政治學大綱，勉強閱讀過眼，無記憶之功，待之二篇再談耳。

3月4日

晨起，散步於川湘公路，向樸同行。閒談生活，深覺伏案工作，有礙身體甚大，而最易駝背，妨礙心胸之衛生，彼自知危險太大，故每日恆清晨散步公路，練習挺胸前進之。余亦感如斯，部中之科長與較資深之科員，目擊皆已背駝矣。山腰散居茅舍，陋零个堪，此乃山民之居所也，泰半係獨家屋，雖限於地理之不能群居，而不相往來之風，想亦主因也。彼民日夕於斯求生之延長外，可謂無他者矣。俯視公路下之山坡，盤旋者盡公路也，心甚仰其工程之巨大，而沉思今日之開闢中印公路建築於喜馬拉亞山之頂者，心中更之奇而驚矣，夫我中國之偉大，固不可測也。

3月5日

午飯，米飯中稗草子特多，幾乎多的驚人，不能下嚥，大約有十分之一之數量，全飯堂皆嘩。然不安於吃，此乃妨害生命之最大威脅，一旦盲腸炎發生時，勢即無法為治矣。責詰四科之言語充耳，誠罪蓋也。按四科申科長體康，性厚混，實非不盡己之力謀事也，然為事僅得消極防患於事後，不得積極防患於事先，此乃不失也。吾人處世謀事，允宜處處主動，以積極之精神，出擊之姿態，應對事物，方可勉求其達到目的，否則如鯀之治水，築堤而防水之為患，勢必徒勞無功矣。今日民主國家之處處被動、處處挨打，防亦不勝其防，吾人觀之，更不勝其浩歎矣。夜中九時許，作家書壹通，心中倍覺刺痛，下筆之間，心為酸痛矣，蓋情之依依，不知自何而言也。自去歲重九日接父親於遭敵偽摧殘後、剛病愈來諭後，迄今礙於家鄉之清鄉阻礙，復受戰局之影響，航空郵遞不通，故迄今數月未讀家音，更為懸念不至矣。累告近況，並囑責令穎弟除讀書習算外，間習耕商之技，以代大人分勞而照應內外之。二妹則當擇人至妥，而重終身之幸福也，否則他日非所願，亦即無以對在天先母之靈矣。諒大人於此，必能慎重計及也。旋睡。

3月6日

上午，澈底調整寢室，力加整頓，為之煥然舒適矣。張專員擴之詢余有無同學介紹，結果李光白與謝恩俊中由彼擇一任之，而謝恩俊為彼所用，令余通信速來

之。發家信及恩俊信，各快函。晚與燦如兄等痛論是非
之成敗所繫，實感主持機關之長者，馭下嚴而苛癢，不
為部下解決困難，而僅憑口號之號召，口惠而實不至，
以至下者困苦日迫，終之不得已而眾叛親離，則失敗勢
之必至也。況為人僅恃上者之承歡，縱橫之連繫皆無以
存之，則違背組織之原則，勢必一旦有失，勢必崩潰而
滅，無可救藥矣。瞻念前途，實深可慮，蓋危巢之下豈
能有完卵耶？當局者迷，究何時醒乎。

3 月 7 日

全力辦理二月份人事概況冊之調製。下午舉行本小
組第三次討論，題為「革命黨員的任務」，先後發言二
次，竭言今日黨員應從「幹」中去完成任務，在服從紀
律、信仰上官中去克服與衝破難關，而盼領導者則顧慮
現實之，為下級幹部解決可能為之解決的困難也。接應
庚來信，知軍訓班辦理不善，精神則遠差於團中矣。述
及好像「一日三秋」、「斜陽西掛」、「千奇百怪」，
更為之痛心甚矣。國家以有為而亟待工作之幹部，徒耗
財力而僅以如斯之訓練，有識者能不悲乎，青年處斯境
者，能不自喪其志氣乎。

3 月 8 日

停止已久之內務檢查又為復活，由副座行之。副座
出身軍校，認識部下之心理，關切部下之生活，故尚能
注意及衣食住行之照顧也。本寢室經早日革命精神整飭
後，煥然一新，精神倍覺愉舒，日常生活之嚴整，實亦

甚重要也。通報自下星期恢復早操，可為副主任返部後
之又一佳音也。有同學自湘穀轉運處來者，已中、少校
矣，而去歲在本部則尚上尉也。彼處待遇高而階級鬆，
事務輕而享受佳，余輩固不應深慕，然國家對公務員之
待遇太不平，實亦宜調整之。天下事患不均，固不患於
貧也，尚希賢明當局，注意及之。

3月9日

上午八時舉行國父紀念週，同時論文競賽給獎。余
論文競賽倖獲第一名，蒙主任備加讚許，並獲區黨部獎
金叁拾元、牙膏等獎品。此次寫作之學習，歷經不能下
筆之挫折，中輟數次之多，終以決心完成之，而竟得
最後之勝利，實賜全無上之鼓勵上進也，抑亦演講競賽
失敗後，益為奮鬥之果也。「失敗為成功之母」，誠信
矣。魯副主任訓話，報告湘省政情及九戰區情況，詞甚
懇切。主任講述競賽之意義，乃鼓勵自動精神與向上心
也，能自動即能向上，能向上則無不可為之事矣，並伸
述競賽之方法與今後為本部之提倡要務。報告委員長將
於四月中菿本戰區校閱，各方與各級各科應預備完成。
討論今後戰局，則對新加坡英軍之俘虜六萬、中將二
員、少將二十八員，英軍作戰精神之消失，誠足深慮。
而美軍之堅守巴丹半島，尚足稱譽，但今後戰局之轉
移，有待五月後之北太洋反攻，此乃同盟之戰略作用，
確否固待證也。

3 月 10 日

今日為今歲第一次恢復晨操，林科員因病精神不佳，堅請余代為指揮，主任親自參加，並作簡單之訓話。久未晨操，筋骨為之鬆懈，今日倍覺週身痛快舒爽，體已微發熱汗，實屬有益身心至足可提高精神之振奮也。老林近來精神欠佳，病態者兼旬，面龐已為之消瘦許多，甚代憂之。傍晚，同仁閒談彼之病源，余堅謂「三分之一之病，源於心理不健全」，蓋心胸積壓不樂，自■不為寬暢解，則日久而心勞神虧矣。彼自謂近日所讀諸書，文藝甚佳，但感情甚受衝動，苦不能自制，精神亦受苦也。此即讀書不能自動的主動研讀之故，而身為物役矣。發壽昌投中週一稿。

3 月 11 日

報載仰光失守，緬局又轉惡劣矣，設同盟國尚不及時反攻，則全局勢將不堪矣。德準備春季攻勢之孤注一擲，蘇已準備大軍一千萬周旋。正午，余以論文競賽之獎金，聯合向樸、君淮共為請諸同仁之計劃，乂思、黃紱、君淮、向樸、士龍、憲達、鳳樓、際輝、壽昌、邦金、級階、巨任、典、鴻藻、濟農等十八人，在本科辦公室敘之，可謂盛極一時矣。近日辦理有關人事之統計資料，此乃一科之重要工作，而迄今尚未舉辦者也。進行頗繁，一切努力簡化中。

3 月 12 日

清晨是微雨濛濛，晨操停止了，入春後大時漸暖，

但氣候殊屬惡劣，差不多忽陰忽晴，無所捉摸，尤其是
上午陰的多，而下午忽為放晴，今日乃最好之代表也。
肥皂日昂，日用肥皂，去歲在恩施時七角購壹條者，今
已須高價四元矣，品質則反遠較昔日劣次，去垢亦不易
也。衣服垢後，請民家代洗，每套八角，且不洗清潔。
吾等收入如此之低微，不勝擔負也，故自為洗滌，但用
水又為困難，僅藉早晨洗臉後之水利用之。然早晨因所
用洗臉水不足供應，而後遲起床者臉水無著，又勢必疑
為人洗衣所用，故又為人所表示不滿也。苦矣哉，生活
之艱辛也，吾誠忍之，然則同為服務者，在另一機關則
仍享受較佳也，是則，勢患不平矣，幸當局稔之。二月
份之人事概況統計，竭盡近日來之全力，今晚已告厥
成，快慰。

3月13日

近日早晨精讀古文已無形停頓，雖因他故時間不
克支配，然究非應該如斯也。政治學綱要閱時同時箚
記，顧覺興濃。為調製統計表事，頗為同人稱「無事
做找麻煩」之譴責，然余實深知其非也，今日統計之
重要，乃為一切管理之根本所依據也，豈可有忽。上午
闘蘭為戲，購花生吃，晚捉漢奸汪精衛為娛，購花生、
瓜子吃。

3月14日

粟概同學自湘返部，代購軍用皮鞋壹雙，價洋捌拾
貳元，貨尚多，此間市價則為壹百三十六元云。購陰丹

布八尺,每尺約合 6 元 5 角左右,與鴻藻過去之陰丹布互換,可做同色之一套矣。上午研究政治學大綱之第二章「政治學的方法」,頗有所得,許多政治學之基本智識,得於確知,助我對於研讀社會、政治諸學之助甚多,興趣甚濃,分別做扼要之箚記。右眼微痛。

3 月 15 日

莫泊桑:「我們雖然飲盡了人生的苦杯,但是,我們要比那些渾噩的、享福的人們,更能瞭解生命的意義」。高爾基說:「社會便是我們的學校,工作便是課程」。司令長官說:「任何一個國家,其在外交上的種種措施,都是離不開以他自己的民族利益為中心的」。又說:「在國際間只有力量,如果我們的力量強大,旁的國家就看得起我們,否則一切都要落空」。禮運大同篇:「貨惡其棄於地也,不必藏於己,力惡其不出於身也,不必為己」。這是國民經濟建設之最高原則,而今日在經濟上所表現的事實,卻實與之相反:(一)貨棄於地與囤積居奇;(二)不出一分力,卻想發國難財。今後補救之四大政策為:

(一)增加生產:根本精神在政府能夠提倡全民增產,不為地主資本家謀利益,來加重對民眾的剝削,要提倡經濟平等的精神,作到人人都要做工,都有飯吃的地步。必須根據新縣制的原則,提倡公共造產,利用合作方式,把人民組織起來,使大家向民生主義之途邁進。

(二)徵購實物:避免「藏於己」以及「囤積居

奇」的弊病，民間生產剩餘之必需品，都由政府徵購
之，然後再由政府作有計劃的公平的分配，以免糜費。
但規定物價的原則，就是絕對不貪民眾的便宜，以糧價
論，我們就須以鹽價及布價作比例，並加其成本，如人
工、肥料、種籽、農具等之價格為標準而訂定。徵購方
面，絕對不用按戶攤派的方法，必從大戶、富戶開始，
以達公平分擔的地步。

（三）物物交換：乃避免通貨的惡性澎漲，以減少
通貨的發行和使用，亦即總裁之「以貨易貨」訓示。

試行一種新制的前提，第一是要大家先有先天下為
公的懷抱，並根絕自私自利的意念與行為。第二對於全
部人口，一定要有精確的調查和統計。應注意的是，第
一、務求工作的配合：機構與人事之配合；第二、務
知重點的所在：範圍不宜過大，品類不宜過多；第三、
是確立必行的決心與必成的信念：即須有勢在必行的決
心與信其必成的精神，也就是「擇善（信心）固執（決
心）」的道理。「我們今天是要為民眾去革命」，祗有
民眾痛苦的剷除，和民眾福利的增進，才能算是完成了
我們的使命，同時我們要完成我們的使令，又要用民眾
來革命，祗有一種為民眾所擁護、所參加的革命運動，
才能得到成功。

新縣制的基本精神在實行三民主義，使其真正能為
民眾去謀福利，他特別注重的三項工作是：

（一）民意之啟導：自下而上的設立參政民意機
關，藉此以訓練民眾行使四權，使民意隨時正確的反映
出來，為政府施政的方針，奠立地方自治的基礎。「從

土豪劣紳手中奪回民眾自己的政權」。

（二）教育之提倡：使每個國民都可享受國民基本教育，以提高國民文化水準，而期整個國家建設之順利推進。「打破以教育而教育的觀念」。

（三）生產之促進：為解決民生問題的根本辦法。

3 月 16 日

舉行國父紀念週，柳主任講述國民精神總動員三週年紀念日，領袖暨司令長官二篇文告之精義所在，申論頗詳盡警惕，並力言近人時犯不喜閱讀累篇長文之文告，實屬毛病也。力講精神之重要，可克服一切物質，所謂「精神力量居其九，物質力量僅佔其一」也，並引述軍校「事業即功名，精神重物質」之一聯，及法國馬其諾防線五十萬投降，與新加坡六萬俘虜之可恥，皆為喪失精神，甘心為俘虜所致。而齊烈士田橫之五百就義，又為精神正氣之使然也。列述今年精神動員之要點為：（1）提高民族精神；（2）提倡國防科學運動；（3）提倡工作競賽；（4）戰時生活：節約。本部為準備四月總校閱起見，特發重要文告八種，每人壹份。其中，中國軍隊政治訓練的要義為：（1）信仰主義；（2）服從領袖；（3）打倒日寇。委員長告全國軍民書中云：「我國海內外同胞，務必認識為我先聖先烈所遺傳民族偉大之精神，務必認識我抗戰成敗對世界安危之關係，更須認識吾人今日之奮鬥，對於後代子孫幸福，及人類整個文明，有決定力量……自今伊始，更須緊張嚴肅，重視責任之所在，各竭其能，各盡

其責，不辭一切艱苦，不惜任何犧牲，絕對掃除苟安自私之心理，共作最大最後之奮鬥。」而軍人宜更沉著堅忍、英勇奮發，以收九一八以來血肉所造成之戰果。研讀政治學綱要之政治學方法與國家二章，深覺我三民主義之偉大處，厥在尋求國情之所賴、社會的需要，採擬歐美政治哲學之優點，而融會貫通之，誠不失為針對國家之現實和社會的實際生活，做標準的政治方法與具體可行的建國方略也。

3月17日

與際輝兄談特團人事及鞏蔚兄之往事，深感為人處世，助人實屬最要之公德也。平心要正直，無可自愧處，則可自慰矣。晚坐談「習字之道」，其要在從正派入手，首先要求正體恭書，不從隨意處亂寫。前囑桐哥購帖未果，今又寄信囑購寄之。

3月18日

天氣久雨初晴，春色欣然，桃李爭放，大自然已充溢生氣，觸景生情，低憶江南春色，桃紅柳綠，鳥語花香，麥青菜黃，不勝低徊無窮。同事六、七人志同刻苦，同赴澗地邊洗衣，費力雖大，然甚為潔淨也。此亦生活艱苦中節約之不得不然與勢力之必然也。下午，何科員伯言自渝回部，帶回中訓團新精神之報告不少。據云今後部隊已決定設二副師長，以政治部主任兼其一，副師長則不兼政治也。

3 月 19 日

　　近日研讀政治學大綱，頗為興濃，深覺過去之閱讀書籍，僅及其膚淺之處，而未研究其根源與理論之依據，可謂「不求甚解」甚矣。今閱政治學大綱，方大悟昔日治學之「皮毛」態度，大不為然也。此書以忠誠之態度，介紹吾人基本之政治原理，純憑科學家之實驗與研究性質，並無偏主之處。又屬嘉惠初學者，每讀一章，頻念早日閱讀之總理遺教與總裁訓詞，深覺政治原理之抉擇，皆合乎現代政治學的原理與進化之趨勢，而又合乎我國的地理環境與民族性及社會風俗習慣等適應之，洵屬現代之政治，良善之張也。

3 月 20 日

　　久未加油，肚為之枯槁矣。今日正午，何科員伯言請吃豬肉，得酌加煤炭，諒可稍解肚荒之危也。近日晨操，同仁之精神俱佳，一日之計在於晨，固可大為提高朝氣之蓬勃也。晚與玉崑世兄閒談，深感彼胸懷寬達，為人負責忠誠，真標準之北方人士個性也，示與某科長在桂南作戰時，曾手留詳些家庭情形一紙於彼，以表犧牲之決心，感甚！

3 月 21 日

　　接父親去歲六月、十月、十二月信各一件，六、十月信係退回後附寄者，通信址不明，與郵局辦事誤塗，致連絡困難，殊為悵悵。晚作家書及桐哥書各壹通，心尚慰。追念父親過去之作育社會，從善如流，而今又頻

受顛沛意外之苦，實百思不解？抑今日之時代果真尚須
「好人加戰鬥」也。念二妹在家孤零岑寂，農事又為辛
勞，念念不至，更以鄰舍不睦，以增彼倆痛苦為念。穎
弟年已漸長，在淪陷區讀書勢已困難，父親年又漸高，
亦應擇時休養，俾戰後之勵精復興也。囑責令穎弟「營
商習農」，俾可分大人之勞，而「一技在身」，終身亦
可受用不盡也。但國文、常識二科，似不可稍廢，仍宜
研讀溫習，以逮其才能之基礎也。頻接來諭，盛稱繼母
賢淑，助父親復興之力甚巨，遠聞稍慰也。閱報，讀隨
軍記者發自緬甸之通訊，述國軍入緬時之情況，華僑鵠
候與熱烈鼓舞之情，勢又非盡可描述者。睹此可知祖國
之光榮也，亦惟有身處異國者與今日身居異鄉者，更得
深切認識愛國家之道也。克里浦斯已抵印，印局將有新
展矣。

3 月 22 日

冬去春來，此乃天地運用自然之理也。然燕乃禽鳥
耳，雖以氣候之影響於彼而知審其居地，但四海之大，
屋宇之眾，隨處可得而巢也，豈必待於尋其原巢乎？今
觀本科辦公室之喃燕巢，見有雙燕旋而繞者二、三匝，
繼即離，一入視而樂鳴，似為告一於外者為舊巢也，俄
頃，一亦進巢矣。至斯，余深感焉，夫燕至小鳥也，且
素以勤於巢者，則捨舊巢以謀新者，固其易也，奈何復
歸其昔日之巢，而為樂哉，豈念其「根本」之所在乎。
是則，今日為萬物之司者，拋「根本」而遠求於異域，
吾信其「燕」之不如矣。

3 月 23 日

讀中周營養特輯，知日光浴可使「皮膚生丁種維生素」，今日天氣放晴，樂之，乃曝於日光之下驗之，果覺精神倍為舒暢也。接桐哥信，知於本年二月底已脫離華新行，而入雲南省經委會利滇化學工業公司服務。該公司為長涇人張大煌博士主辦，由王萃五先生介紹，與同鄉人在一起做事，當然便利多矣。且致力工業，今日抗建之國防工業也，前途亦殊有發展也，心甚慰快之。

3 月 24 日

下午，練習排球，余技術稍差，接球時隨時失球，心中殊為不甘，此乃不能得心應手故也。返室，因天氣春暖，已需單衣，乃本「整理重於購置」之旨，將昔日在沙市所製軍服壹套縫補，迄晚完成，此亦抗建中艱苦生活寫照之一頁也。

3 月 25 日

早晨，黎明後距起床尚久，此因規定之起床時間太遲故也。勤務兵亦因而燒水甚遲，待熱水洗臉，必須待於起床號之後，然已影響於早起矣。乃決心自本日起，放棄熱水洗臉之習慣，改用冷水洗臉，蓋此既可早起不受限制，又復可加強皮膚鍛鍊之衛生也。

3 月 26 日

近日本部為準備司令長官蒞部視察，環境衛生大見改善，足見在高位者能勤於巡視各級所屬，必能加強其

業務進展也。全國慰勞團已蒞臨本戰區慰勞，是否來涼
水井，則尚疑問也。下午，整個半天和一晚上化在謄寫
論文稿上，因此稿欲在前衛月刊佈露也。與級階談前途
問題，高考呢，陸大呢，皆沒有我學歷的基本去準備，
今日更沒有充份的時間，奈何！看了際輝準備考高考，
階級也想今後努力準備考陸大，自己真是有說不出來的
苦衷，除了把握現在努力一天是一天外，我實在還找不
到決志的途徑。今天發信桐哥，言外之意，也想到工業
界服務。

3 月 27 日

上午八時，參加長官部黨政分會毛副主任委員秉文
宣誓就職典禮，司令長官訓詞。茲節述要點於後：

一、毛副主任委員效忠革命的歷史，想大家知道很多，
　　不再多述。

二、宣誓的意義，請大家參閱對湖北公務人員宣誓時之
　　訓示。

三、值得注意的太平洋問題，請大家一閱元旦日本日訓
　　詞小冊。

四、今天乘此機會，要特報告的是：「今天才是正真的
　　困難和真正的危險的開始」，我們祗有以「忍耐」
　　二個字去克服，我們不可「怨天尤人」，祗有降低
　　生活，刻苦節約，才是一條生路，否則貪汙亦好，
　　不法亦好，總祗有一條死路。要知今日的局面如
　　此，是我們的責任，我們應負有責任來挽救，今日
　　必先從挽救自己做起，然後才能挽救群眾。最近想

大家已有許多的不知道，就是五戰區方面，貪汙之
風盛熾，做一科長，即有侵刮幾達數十百萬者，最
近槍斃一高級軍官，今後李長官或將整頓也。而鄂
北民眾之苦，已十室九空，樹皮食完（示信）後，
今已大批流丐矣，形勢至為嚴重。而我鄂西稱天堂
者，來鳳亦竟發生居民會劫築飛機場工人之食糧，
實深足吾人驚醒惕怵也。節約甚屬重要，賭博與抽
煙（香菸）實為貪汙之所養成，今日宜戒絕賭煙之。
　　下午，慰勞團抵此間，各關係機關上尉以上官佐郊
迎之，總團長為居正氏。

3 月 28 日

　　早晨六時，整裝赴大禮堂參加歡迎居總團長大會，
即由居氏訓詞，意簡云：由沅陵抵此，途經群山，且甚
險阻，而矮寨為最甚，但終以吾人之精神與開築之偉大
力量，克服而底於成，此足見困難皆可克服，即或欲付
相當之犧牲，而終必得成功也。今由酉陽抵黔江，途亦
復艱難曲折，然雖經此曲折之道，並不見不能抵此也，
是知世事之曲折，事與勢之必然，無可避免。今日此路
正因能曲折建築，故今日終成為坦寬之通黔要道也。國
際形勢亦然，以太平洋局勢論，正因英美之今日無力於
支持，故我國倍顯地位與力量之重要也。以時間倉促，
于斌（四團團長）主教未及訓話，旋大隊抵公路歡送該
團赴施。奈天公不作美，大雨侵盆，個個落湯雞，雨已
遍淋週身，但精神之振奮、精誠現於偉大行列中，無一
人有畏雨者。旋居氏隨團員等冒雨過行列時，大行列於

大雨中伴著軍樂歡送，可謂此乃絕無僅之一「忠誠行列」也。解散跑步返部，約距離二公里之途，一口氣跑完，此意防受寒氣侵襲也。抵部，汗與雨挾流，洵亦佳妙極矣。

3月29日

天氣放晴，與培萱、際輝赴池潭洗被單，雖費力甚大，然精神至愉快也。劉科員培萱年將近四十，子已在家成婚，今為國效勞，現任本科少校科員，但月入不敷個人衣食之費，洗衣仍親為動手，真可謂艱苦矣。今日余等無論縫補洗滌，皆親自為之，可謂竭盡與艱苦生活之搏鬥也。晚，本部第一、二大隊政工同志來部舉行擴大晚會，到各機關來賓甚眾，開本部熱鬧晚會之新紀錄。演出「封鎖線」與「放下你的鞭子」二劇，劇情與化裝俱佳，甚博參觀者之好評。

3月30日

羅科長自渝參加全國政工會議畢返部。整日忙於辦理統計業務之整理，該此乃本科之一重要業務，而過去被忽視者。今後，為業務健全者，故余不惜個人之餘暇時間以整理之，並謀今後製圖之資料依據也。晚與際輝談讀書之道：（一）今日宜把握機會，從基本處苦為培植之；（二）有系統的有程序去讀，並求摘記，以補個人無書之不足；（三）先從政治學、經濟學等入手，再及其他，吾人須在今日建立基礎，努力深求，俾可應付將來之社會；（四）英語亦宜複習，以謀他日閱讀外國

文之基礎。際輝兄能致力攻讀，精神殊使余佩，助我讀
書勇氣不少。他則覺言語改良為必要也。

3 月 31 日

　　一月很快的過去，實在處處覺得無限惶恐，工作上
找不到事業的重心，讀書上找不到門徑，內心中不知如
何為好。預定的政治學大綱沒有讀完，其他書也沒瀏
覽，覺得收穫實在太少了。論文競賽稿謄後送士龍轉蕭
秘書勉恆，或可刊於前衛月刊也。

一月生活檢討表
工作與讀書

重要工作	一、整理統計資料，調製改制後之本部人事異動情形，今後按月統計。 二、頒發各級人事應用表冊格式，以資應用及校閱。 三、調訓人員登記，展開統計業務。
工作的困難與缺點	一、與際輝之合作漸上軌道，今後宜計劃分工或進一步合作辦法。 二、卡片與資料袋之運用，尚多阻塞與遺漏處，宜改進。 三、資料蒐集之方法與併製方法，亟待研究簡便。 四、今後力求登記正確，與統計登記資料，彙報四種業務之連繫。
讀書數量與名稱	一、政治學大綱閱讀並摘記（第一章至第九章）。 二、選讀「教戰守策」、「前後赤壁賦」、「正氣歌」等諸篇。 三、孫文學說及中周與書報等。
研究問題	一、統計業務展開問題。 二、基本政治學。 三、孫文學說「知難行易」。
特別心得與疑難問題	一、深得際輝之影響，對專門致力基本學識研讀，頗具重要之感覺，研讀政治學亦覺興味甚濃。 二、統計業務在業務中頗覺重要，今後宜自為展開。 三、讀書時間與工作時間之支配，不易控制。
未完成的工作	一、預定之政治學大綱一冊，未得閱畢。

生活的教訓	一、擔任晨操指揮，今後早起更能保持矣。 二、每晚閱讀覺眼頗不適，能提早睡眠更提前起床，實有研究必要。 三、讀書心切，其他之煩悶，頗以自解，可見精神求寄託後自然愉快。 四、心志稍定，即得安心於工作或讀書，此即所謂「定而能靜」之理矣。
須改正的 過失	一、行動應稍為嚴正，批評他人或強人爭辯，應稍戒。 二、應堅守計劃經濟之立場，力求清償借欠款項。 三、揩油習慣應隨地力戒。 四、稍抑孤傲之氣質。
健康狀態	一、身體健康之進展尚良好，每日吃雞蛋壹枚，未曾間斷。 二、從讀書上求精神寄託，煩悶為之消失殆盡。
團體生活 與交際	一、本部尚不夠朝氣蓬勃之精神，晨操之缺席特多，為一明證。 二、互相砥礪之風，尚未養成，皆以擺龍門陣相慰藉。 三、本科近月讀書之風氣稍熱烈。 四、總不能得到人家對我真切的瞭解，我對人亦然也。
發見與感想	一、攻讀基本學科之重要，宜把握今日，努力奠定基礎。 二、亟宜謀一有目的的計劃進修或奮鬥方向，俾資邁進。 三、過去讀書不努力，貽害今日基本太差，殊為引憾。

4 月 1 日

選讀五人墓碑記，深感五人之正義凜然，足可養吾人之浩然之氣者也。接子貞來信，知前托事未成，個中雖有苦衷，然亦未必不能做到，是判知二人間之情感有所不至也。余之不獲交友之道，深自引憾，每睹人家友如兄弟，竊私甚愧之。夫天地間最難識者，乃君子與小人也，而小人所見者，乃同利也，而君子則同道焉。余奈何不識君子若斯，實己之有所太短歟，此宜深自反省者也。閱政治學大綱第十章「公民團體」，對選舉及其方法等增強認識不少。

4 月 2 日

他們都為了「動搖」而向科長要求外調或調訓，但我卻毫無表示，自己鎮定下來，把精神寄託到讀書上去。可惜白天辦公久後，晚間已無精神應付了，一個嚴重待考慮的問題常在腦中盤繞，就是將來入軍界呢？入行政界呢？繼續政工的立場呢？或另謀工商界呢？究竟準備入中訓團或同類性質的場合受訓呢？還是入軍訓班或高教班受訓呢？因為沒有決心，也就減低了準備的決心和勇氣，確實嚴重。

4 月 3 日

向科長提出二月來之工作報告，並請示工作上之問題，一一獲圓滿之解答和指示。並提出關於軍訓班辦理情形之詢問，及高教班、中訓團調訓之辦法及應行準備事項，皆獲科長剴切的指示與說明，誠懇之訓誨，殊為

使人欽佩。軍訓班辦理之不善，殊為彼所失望。高教班
與中訓團俱為抽調中級幹部受訓，高教班則為政工人員
特設政工班，且較嚴格，考試後方能參加。名義雖同，
教育則恐適應政工情形而較低，且位成都，赴訓頗不
易，設備亦未必十分完全。中訓團自二十一期起，改為
訓練十個月，著重文武合一之教育，且能獲總裁之親臨
主持，更積二十期之辦理經驗，環境亦佳，當為良好之
訓練場合。上尉是否可調訓，及其調訓辦法，迄今尚未
見規定。為讀書計，能進中訓團似佳，功課則可稍為準
備，但中訓團除體格外，恐不為考試也。是故，余決心
如中訓團可能考試或調訓時，決為入團受訓也。

4月4日　兒童節

　　發新湖北日報社留日班同學楊甯生一函，詢施垣同
學動態，徵詢連絡意見，又發省府秘書處林芳萊一函，
以資連絡。晚赴四科閒談「青年問題」，討論本部現行
愛慕✗✗等之風氣一事，咸認領導純正青年走入浮滑歧
途，而企求個人慾望之娛樂，實為不應有之道德行為。
然則果正站立互相策勵之志趣，引導向上或輔助努力，
則又未嘗不可也。今後擬本青年純潔親愛之旨，對✗✗
等俱下勸告之忱。回憶自五四時代至今，沽名於愛護青
年者，類加為出賣青年或利用青年之敗類，觸感所及，
至深引痛。吾人處今，是亟宜抱「愛人以真」之精神，
發揚「己之不欲勿施於人」之態度也。

4 月 5 日　清明節

　　今日乃古之清明節，今之民族掃墓節焉，天陰，微雨縷縷，倍增「清明時節雨紛紛，路上行人欲斷魂」之感嘆。家園淪陷，國土破碎，祀祖者遠離鄉井，掃墓者流徙異地，不驚感喟無窮。而痛為人子與後者，不獲保其祖宗之廬墓，更祭祀而棄之，是真不孝之大矣。竊謂清明乃發揚至孝精神之所依，國人誠當三省而求無自愧焉，否則清明復清明，將何日得見祖宗含冤九泉而得伸哉，個人又何得復見乎江東之父老乎？貽乎？猛醒！前進！

4 月 6 日

　　看了整個半天的政治學綱要，摘完「行政機關」一章。給王鶴亭先生一信，並附奉履歷壹份，因為偉青姊囑直接寄彼也。目的在可能範圍或較佳環境上得工作與求讀書的機會，另一方面，也是連絡聲氣，並企求先進輩的多賜教益，俾鼓勵自己的努力上進。晚，赴五科徐燦如先生（溧陽人）處坐談，彼為人親愛和氣負責，實為吾儕所欽慕者，略詢經理業務，以增智識也。

4 月 7 日

　　決心於本星期內整理全部卡片，標幟完竣，本日開始，進行順進。讀政治家大綱司法與監察機關兩章，頗自有心得，對於古代監察制度之弘揚，今日實為急務者，否則，能力政治之實現與計劃經濟之厥成，實有困難也。大公報偶語：中國人多聰明──楊糊塗──至

發人深省也。下午，我又涉及四川省軍閥語，致引起鴻藻之大不滿，然彼亦太自苦矣。曾憶幼時小學讀書教本，即有「華人與犬不得入外國人上海公園」之故事，今日三思其深意，乃在激發同胞之自立圖強與注重衛生也，蓋未嘗有自侮而輕視己之國民或國家之意也。則今之以四川軍閥禍國殃民相責，雖在私德上不免有犯諷刺他人之行為，但揚之本意，實為激發吾人之自強與痛絕軍閥之心志耳。彼以此而自苦，寧非庸人自擾乎。

4月8日

赴長官部合作站製軍褲，未果。在合作社購牙刷壹支，價五‧五元，並參觀長官部子弟小學。抄蕭何追韓信戲詞，想自己學會一個，娛樂與陶冶性情也。

4月9日

錄處世新法：「人生座右銘」

（1）一次解決一個問題──分析其因果與補救的辦法，然後決心去解決你的問題，一次解決一個問題。

（2）在決定事情的時候，不要三心兩意。

（3）別憂慮工作過度──恐懼是憂慮的根源，憂慮會使你失去平衡與正確的觀點，看見隨便甚麼事都怕做。

（3）不要顧慮昨天的事，準備明日的計劃。朝前看、朝上看，勇敢地、自由地充實你的生活，你將感到更大的快樂。

（4）簡樸的生活，正確的思想。

（5）取得經濟上的安全。

（6）別怕愛，沒有愛，就不會快樂。愛人、愛美、愛一切可愛的與美好的東西，把一天的光陰，分一部份給愛。健康的身體需要新鮮的空氣，健康的精神需要純潔的愛慕，最要緊的是使你自己可愛。

（7）幫助別人，可是不要統制別人，幫助別人是對於精神健康有極大裨益的，不要統制別人，不然的話，他們將成為你的敵人，別讓你所幫助的人，成為有依賴性的人。

選妻標準：

（1）有相當良好的健康──可靠醫生婚前檢驗，是一個很好的決定方法。

（2）對於組織家庭的意見與你相同的女子──明白賢妻良母的責任的女子。

（3）在情緒上能夠脫離父母與親戚而獨立的女子──全部情感貢獻丈夫和子女。

（4）一個喜歡交朋結友，並且曉得怎樣去對付朋友的女子。

（5）一個有職業，或是準備做社會上有用的人的女子。

（6）一個曉得怎樣利用閒空去做有用的事情的女子，最好是一個業餘趣味與你相同的女子。一對結婚的夫妻，至少應該有一種能夠共同享受的娛樂與消遣。

（7）一個不怕在生活上冒險的女子──別和一個以結婚為人生目的的女子結婚。

（8）一個不怕愛人或是被愛的女子──　　一個在戀愛上

失敗過的女子做終身伴侶，是比一個不曾戀愛過
的女子靠得住一點的。

我以為我自己最大的優點，是能夠鼓起人家的熱
誠，要叫人家能夠出盡心力去做事，最好的辦法是能夠
賞識他。上司的指摘，是最容易消滅人們的雄心的，因
此，我時常讚美人家，而不去吹毛求疵。我還沒有看見
一個人，在被指摘時，能比在被讚許時把事情辦得更
好。高一涵編政治學大綱讀完，並摘記完畢，心頗舒
快也。

4 月 10 日

向孫建侃算了三月份薪金，同時借了四月份薪金叁
拾元，說明之前借壹百元從五月份起逐月扣還叁拾圓
整，同時還了申際輝拾伍元。際輝向考選委員會解釋高
等考試疑問，批覆已來：（1）凡任尉官三年以上者，
得有應考高等考試資格；（2）限於普通行政科及土地
行政科可考；（3）須正證件及卸職證件；（4）科目有
政治學、經濟學、社會學、行學學、總理遺教、憲法、
民法、土地法等。我決定將來應考的話，一定現在要抱
定決心，服務尉官三年，那麼到了民國三十三年九月以
後，方有資格應考，現在還有二年半的努力準備的時
候。今天開始讀張慰慈編的政治學大綱，同時實行摘
記，並參閱高一涵所編政治學綱要所作的摘記，俾得融
會貫通，取其長而捨其短也。發父親一信，告桐哥赴利
滇化學公司工作，寫祝三、偉姊各一信。

4 月 11 日

閱畢政治學大綱第二章「研究政治學的方法」，愈讀愈覺精精有味。卡片箱的新標幟也在晴天全部換新了，當然是給予工作上一個創進的快慰！

舉行小組討論會「精神重於物質」，我發明的意見是：

（1）基本討論的概念要認識今天所處的時代，並不是物質可以較次於精神的，但我們衹說在每一環境中的社會或國家，尤其是被壓迫與被侵吞的民族國家，在它物質基本的或遭遇的困難情形中，我們要高喊出「精神重於物質」的主張，來以精神的最大效用，發揮現有物質的最大效用，以求爭取自由獨立，最後的勝利。

（2）大戰爆發到今天，法國以世界頭等強國，在三星期中屈辱亡國，誰能否認不是法國精神墮落所致，否則，還有今日我國的抗戰嗎？老實說，英國的有今天，也僅憑著當時在限危中最後的精神堅忍，而渡過了最大的危險期。再看新加坡的以世界著名要塞，沒有三星期即告淪陷，守軍全部投降，較之沒有設防（起碼是我們沒有知道他設防）的菲列濱之巴丹半島，能至今日尚能堅守，寧作最後彈盡援絕，犧牲到底者，誰能說新加坡的物質條件與軍備沒有巴丹半島好過幾百倍？則還不是美國守軍有精神與英國守軍無精神之別嗎？仰光的很快丟掉，比之我東瓜血戰兼旬，當然尤是國軍精神所至。

（3）所以，今日我們應該正視「精神重於物質」，尤其是外資已遭封鎖的時候，更要發揚我們的精神作

用，提高現有的物質的效力，支持抗戰到最後勝利。

晚學唱京戲「空城計」，以謀補救生平最大之引憾
——缺乏藝術的生活。

4月12日

幾年來沒有嘗過皮鞋的滋味，今天第一次穿皮鞋，
當然心中不勝快愉！去年為了要拍照寄回家中，就決心
留著頭髮蓄起來，現在照也拍著寄回去了，天也熱了，
我就決心在今天理去了，頭上覺得輕舒了好很，當然更
合乎衛生的要求。

右胸前微覺隱痛，大約是氣凝悶結所致，怪不舒
服。際輝前幾天也疼痛過，他說用「酒」熱後擦擦就
好，晚上如法泡製，果然見效許多。我記得上次也自己
擦過，這種隨時可以自己治療自己小毛病的藥方，實在
應當牢記些。

4月13日

午後，練習排球二小時，旋辦公一小時，繼續打排
球，至晚飯時止。今日排球之進步甚速，擔任第三排之
任務，頗能圓滿應對也。傍晚，與五科徐科員等赴山路
春遊，發現茶色鮮紅可愛，摘而食之，味甘如桃，頗可
口，擷數枚分食之。旋過草原地，茅草放春，內有囊藏
白絨針，曾憶即為兒時所喜食之「茅針」，偕徐科員拔
取數十枚而食之。抵山洞中之某民家，適遇保長某，告
知此戶即係從黨政分會裡搬出者，徐科員對於此種讓與
公家房屋之精神，甚感佩，倍加慰問之意！該戶有一小

孩，詢其年齡已十六歲，形狀特奇，頭大如斗，臀部亦
發達，而腰則似孩提，四肢則更不發達似小兒者。此種
畸形發展，恐生理上病態所致也。返部仍在五科坐談，
並與魏上縱同志檢討做人做事之道理，力勉魏同志能把
握今日之際遇，發憤從讀書上求進。

4 月 14 日

上午，謄寫伶官傳論壹篇，久未習字，作練習也，
並思給人精讀之。至「滿招損，謙受益」、「憂勞可以
興國，逸豫可以亡身」等句，更百感交集，吾人誠宜惕
勵也。閱孫浩同學致長官函，備述遭誣被拘留情形。對
於此種連指遭非法之誣陷，不加合法審訊，即行拘禁，
甚為痛心，擬加於調查後，按法再行提原案辦理，而對
於各級中級領導幹部之懷恨異己情事，更屬痛心。以領
導壹年之幹部而卑鄙無恥之極矣，實深浩歎！函余建中
同學調查。

4 月 15 日

同志數人聚談高考問題，由於老申請求解釋後，
「尉官三年以上者，即可應考高等考試」，引起了不少
同志對於高考的願望。我們對於文思等已夠條件的人，
特為鼓勵準備應試，他們多表願意一試，今後本部或將
展開準備高考之讀書風氣也。余以離此資格限定尚遠，
但彼輩皆力勉準備，以待時機。蓋無論如何，有一理想
的讀書目的，懸的以赴，多少總有收穫，且為系統的讀
書，更能獲得較多也。今後可能範圍內，決隨際輝之

後，向準備應考方面努力攻讀，將來能否參加等問題，
將置諸不顧也。

4月16日

柳主任今日從恩施返部，張科長世愛於午後先行返
部，久為喧傳的柳公出任鄂民廳長與張氏出任民廳科長
一節，當可稍見分曉。今已得自可靠消息，大約問題在
中央之是否通過也。雨後初晴，山色鮮麗，洽像濃裝
少婦，出現於吾人之前，倍覺心胸暢慰。於某茶肆遇老
板老嫗，為此地某貢生妻，頗知書理，談吐甚有禮風，
且吟詩數首。睹其今日之老倒窮困，追溯其當年風流才
女，誠不勝有今昔之嘆也！

4月17日

近日科中同人皆心猿意馬，紛紛提出理由，請求外
派或辭職。此種情形，影響工作情緒實為至巨。

4月18日

劉科員典與五科徐科員燦如赴渝中訓團二十期受
訓，於陡坡餐室小敘。此次劉科員老母去世，備為悲
傷，原擬即返衡里，奈交通不便，旅費困難，故乘中訓
團受訓完畢，彼可逕返衡陽也。徐科員為溧陽人，為人
忠誠負責，素為同人仰佩，過去因係苦幹出身，經歷稍
欠，此番受訓陪都，當能裨益見聞與能力甚多也。晚，
赴五科代鴻藻向張科員士毅借洋貳拾元。

4 月 19 日

　　近日科中司書數名，甚見動搖，工作皆採敷衍態度，雖在部待遇較他機關為低，然本諸良心，余等實以較彼等更為苦也。相忍為國，最低限度，亦應合法以謀離職，豈可取怠工之態度乎？今日夜春情見動，洩精壹次，此係近月來之首次，或不足傷身心也，但抑制之道，亦宜注意及之。得甯生學長來信，勉從本身崗位努力，則所謂一切連絡等，皆可水到渠成也。天氣放晴，精神暢爽，作山野遊，心境頗為寬暢也。本日報載美機轟炸日本東京、神戶、名古屋等處，以打擊者予打擊，洩我五年來轟炸之仇恨，予彼殘敵膺懲，殊快人心。

4 月 20 日

　　紀念週主任作詳盡之報告，對於本部同人工作上之注意「時間」、「地點」、「數量」三項，過去似有疏忽，力勉矯正之，並規定同人閱讀「軍人精神教育」，在下週紀念週時輪流報告讀書心得云。接克誠自渝來信，詳述江南區游擊司令包漢生奉召抵渝，旅渝同鄉作熱烈之歡迎，並講述家鄉情形。今日澄邑已為江南游擊根據地，敵人目為「全匪區」，故時為清鄉，我「忠義救國軍」則時予殲滅之。遠聞家鄉父老兄弟姊妹皆奮起救國殺敵，不減昔年「忠義之邦」之忠勇，內心殊快，益增奮勵效忠之志，否則奈何見我父老耶。

4 月 21 日

　　接軼叔目渝中大來信，告所學功課皆可，頗以為

慶，鑑璋兄迷於情網，中正獎金勢將不保。憂人固屬重
要，然為今之計，實有可稍緩也，擬去信軼叔略詢究
竟，並請同勉於當前之力學為重。林科員自黔檢驗身體
返部，謂有「肺結核」初期之病勢，醫囑靜養三月，並
善攝養之。老林誠苦矣，多愁多病，終日困於金錢之壓
迫，以一熱血青年如吾儕者，獻身黨國，所入尚不足供
應個人之生活所需，實當局有宜愛護及之也。指導室幹
事葉榮同志不幸病故■五六後院，壯志未酬身先死，此
恨永埋地下，嗚呼！傷矣。本部由張科員世愛前往料理
善後云。

4月22日

　　晨操，主任親為出席，同人亦能擁躍參加，「身
教」之力，大矣。與文思陪鴻藻抵軍醫處潘醫官處注射
氯化鈣，詳詢病況，乃係氣管炎，勢劇而影響肺部也，
特效藥為葡萄糖鈣，此鹵化鈣則亦可治也。醫官力言務
宜靜養，而心理之健全，又為去病之尤要也。一一八師
團指王耀璿同學來部，招待領旅費等事，並代保。晚，
代鴻藻寫報告一件，呈請補助藥資而利診治。第十八軍
單位暫代管理，日後閱書時間又將減少矣。

4月23日

　　環境的力量也許可以決定「人」的一切吧！不然為
什麼現在何以精神上覺到無限大的壓力，簡直使人透不
過「氣」來似的。
　　因為本部的環境是太沉重了，疾病與窮困緊迫著每

一個「人」的後面，提心吊膽的過著日子，那能不擔憂著……一切！

突然地記憶起了嘉來爾的「英雄與崇拜英雄」書中的提倡「偉人學說」—— 歷史完全是偉人做成的，所以，一部世界歷史不過是幾個偉人的傳記吧了。

我開始自信，我進一步堅決的去行動，想信環境是在我的創造中蛻變啊！誰能阻礙了我邁進的勇氣！！

第二十四週年的偉大青年節——五四，眼前將降臨了。翻開「五四運動史」一讀，寶貴的教訓和誠摯的熱望，鼓勵著我向前邁進呀！呀！時代的青代！你擔負起了時代的偉大使命，你將拯救祖國的危亡，你將為重建世界和平中堅的一員。

我欣慰開始在心頭跳躍，決心寫「時代青年與青年運動」一文來紀念它！

4 月 24 日

開始寫「時代青年的使命」，久不學習，寫作倍覺不能下筆之苦，同時思維是在腦中動盪著，不能歸納起系統來，或竟是辭不達意，也有時文筆的修辭實在太覺費力了，勇氣不能十分的充足，終於不能一口氣寫它出來。

「五四運動史」一書是對五四認識的介紹，轉眼五四將屆，對於二十三年來青年運動領導的一支主流，的確應有深切的認識才對！我將它看了一遍，裡面發現了許多青年運動的教訓和缺點，我懇切的盼望全國青年參加本黨三民主義青年團的訓練和組織，把他們的缺陷

彌補起來。

4 月 25 日

　　病，分拆他的成因，的確一半是心理的病態，一半
是外感！心理狀態的健全和愉快，病魔是決不能對他侵
襲的。假使有適當的健康，好好注意衛生的話，更有相
當的營養，那嗎，我相信，「病」在字典中，一定會像
青年在字典中找不到「難」字一樣！

　　一個人僅有物質的軀殼，不過是一具屍體吧了！人
的偉大的作用，完全是精神主宰著一切，精神是「心」
的作用，誰能否認心理的愉快，不能治療「病」呢！

　　「病人」的需要靜氣，「靜」就是想「定」，
「定」就能「安」，「安」就能「得」，那麼，「心安
理得」、「心平氣和」，病當然霍然而愈了。試看「失
戀者」抑抑而死，不是心理病態的所致麼？

　　常人說「達觀」的人能延年益壽，不是心境愉快就
能身心健康的道理麼？外人常說「每日大笑三次，可去
百病」，奈道不是中外同一的道理麼？

　　林！他時常喜歡多想！多愁，那麼「當然多愁多
病」了。現在，我們決心勸醒他要愉快！要自信！以精
神來治療「疾病」，並且，隨時多給他精神的安慰！使
他放心自己有克服「病」的力量。

　　我的信心是「病不過是精神的俘虜吧了」，它雖然
也許有時要像金錢般的欺侮精神，侵略者的妨害世界和
平，但它終是逃不掉「精神制裁下的屈服」，恰像暴力
終是會在和平的前面「俘虜」一樣。

4 月 26 日

春！在雨後的大自然格外顯得研麗，秀色可餐！

一個強烈的印象早一天已刻入每一個同志的心弦，就是星期日要在上午八時舉行「公私生活檢討會」，可是星期六的下午，卻微微地下雨個不停，真討厭，春雨綿綿下過不停，是從每個人的心裡這樣咒詛著！

那裡知道山國是雨晴無定，今日朝晨是陽光溫暖地升起了，集合的號音響了，大隊向著「龍橋」前進，野芳發而幽香。在山路的崎嶇中蜿蜒前進，欣賞著大自然數不盡的禮物，真是「取之無盡，用之不竭」，極盡造物的無窮。

經過層層石級的下降，衝過了「龍橋」，「龍」是都麼使人神往呀，穿山而過的洞流著水，就是「龍洞」，它的上面，平坦的一片小草原，就被譽稱「龍橋」了。

翻過疊疊的石級，到了汗急流的時候，自譽為「汽油車」的年輕的一群，抵達了會場的目的地，接著「酒精車」、「植物油車」，連最後的「木炭車」也慢吞吞的趕到了。差不多是油也好，炭也好，消耗就是相當的夠了，接著是加油動作開始——花生、瓜子，大家加速度的裝進肚裡去！

檢討會開始，第二科張科長導民充當主席。接著成科員、周科長發言，一個是家庭問題第一，一個是桃花江非但沒得桃花，竟而連美人兒都沒有！

葉科長誠切的坦誠自述，他自己覺得沒有理由說明，「為什麼現在沒有過去愛國心濃厚？做事情熱烈？

反而有些消極。」

前衛日報的單總編紹良提出人生態度「不樂觀，不消極」，張吾純記者卻來個「積極而且樂觀」。

又有一位提出了「我不負人，寧人負我」的人生態度。新聞記者是掛名思義最活潑而充滿著活力的，並不是真個年芳二八的傅潤芳同志，他為會場上增添上了一頁，生氣蓬勃的氣象，新聞記者的生活是都麼有意義呀。偉人們是在筆尖上跳舞，該算是最愉快的了！

自己有十二分把握做名教授的劍霞主任講評了！家庭問題是值得研究的一個問題，從本戰區眷屬米解決後，當局已經在設法平價布……等的供給。

桃花江雖然今日沒有桃花，但以後是可以栽植的，我們要有「前人栽樹後人涼」的服務人群精神，那麼也就是為了自己服務，大家想一想，沒有前人種下這幾株「桐樹」，那有今日的享受！

「中年哀樂」是我國社會人生的常態，我們知道二十四歲以前是讀書的時代，也是打勁兒寫情書時代，談不上經濟或人事的困擾，初入社會，也是純潔奮勇，但經過十年後的曲折變化，家庭的負擔，累得透不過氣來，事業與職業也許背道而馳，於是消極的暗影投上了你的身靈！但鬥爭的時代，決不是這樣能夠生存的，事業的成就，也決不是經不起磨折，而順利地可以希望達成的。看過俾斯麥傳的，就可知道他的苦鬥，他晚年的成就，是決不是偶然的，我們大家可以多從名人傳記的初期艱苦奮鬥中鼓起自己的勇氣。人生態度的「不樂觀，不消極」，固然近乎中庸之道，但我們要知孔老夫

子在「射」的時候，他也主張「當仁不讓」的，我們祇
有樂觀，樂觀才能有快樂的理想和光明的光途！

　　做人的方法，「我不負人，寧人負我」，應該是修
正「我不負人，人不負我」才對。「我不負人」，這是
在道義上應遵守的，但怎樣求「人不負我」呢？那麼？
第一要以精誠感人，第二要能「精明應付」，不然，徒
然的老實，就是無用！但「寧我負天下人，無天下人
負我」，像曹操般的奸雄，我們都不喜歡歷史上再產
生的。

　　新聞記者到山谷裡來採訪，不免是失望，但這裡僅
是收復武漢的開始，我們要經此地向前推進到武漢去！

　　最後提出了健康問題，強調心理治療的功用，快樂
的心境能夠有健康的身心，也方能有光明的將來和偉大
的事業，大自然的療養，是任何藥力不能望其效力之
大者。

　　散會後，滿山遍野的滿棚歸來，個個帶著愉快的
面龐！

4 月 27 日

　　紀念週開始首次讀書報告，何科員頭獎，班科員貳
獎。報告內容豐富，班科員「機關槍」大作，掃射不
已，並頗發噱！寫完了「時代青代的使命」一稿，想給
何科員略為修改。

4 月 28 日

　　鴻藻病況轉佳，已若無疾，精神治療，洵屬偉大。

劉廉同志年少英俊，古文根底亦佳，頗有自負之志氣。
深晚完成「時代青年的使命」一稿之謄寫，擬投新湖北
日報副刊試登，興甚濃厚，二千字一口氣就完成了。

4月29日

接讀三月二八日父親自蘇來諭，詳述淪陷區物價騰
貴，小民無以為生，土匪橫行，綁架勒贖數見不鮮，鄉
間時在驚惶中生活，而所謂安居樂業者，「日出而作，
日入而息」（按即日入能求安睡足矣）而已！遠念故
鄉，不勝依依！

4月30日

天氣陰霾，空氣沉悶，身體怪不舒爽。畢究傷起風
來了，影響精神更大，心志煩燥，做事也沒有心緒了。

一月生活檢討表

工作與讀書

重要工作	一、統計業務順利展開，每月作現缺額及異動統計各一。 二、更換卡片新標幟，以資識別容易。 三、98D、暫6D 移出資料。 四、接管十八軍單位。
工作的困難 與缺點	一、移出單位之資料轉移問題。 二、新單位管理之生疏，辦稿不易通順。 三、資料之整理、充實，頗為困難。 四、登記之翔實問題。
讀書數量 與名稱	一、張慰慈編「政治學大綱」閱並摘記自第一章至第 　　八章。 二、「五人墓碑記」、「賣柑者言」、「秦士錄」、「信 　　陵君救趙」、「上韓太尉書」。 三、「五四運動史」、中周、新湖北、大公諸報。
研究問題	一、「基本政治學」。 二、青年運動問題。

特別心得與疑難問題	一、上半月讀書興趣濃厚，將前月所閱政治學綱要摘記與政治學大綱參閱，更多心會旁通處。 二、做了決心實屬重要，卡片箱換標幟，決心一下就成功了，視察報告■決心處置，也就省了下來。 三、辦稿是一件經驗重於學問的工作，處置是精細最為要緊，對不對？
未完成的工作	一、「政治學大綱」原計劃本月讀完，結果因受鴻藻病後業務之增加，下半月放棄了讀書工作。

生活的教訓	一、生活隨著環境波動：前半月業務稍空，讀書能專心，精神至為愉快，下半月受環境、「疾病」的脅迫，業務亦煩，精神上很煩悶。 二、精誠的對待同學，很能感動人，而爭取友情的增進。
須改正的過失	一、儲文思老大哥批評我「囂張」，的確也有些，但也是僅有的生氣！ 二、身體的攝養，近宜有恆的愛護。 三、精神不要「驟歡」、「驟沉」，患得患失是不正常的精神狀態。 四、對待愛助的人，要除去「一絲一毫自私的心理」才對。
健康狀態	一、不大注意衛生，宜改進，更應常沐浴。 二、雞蛋不吃了，營養感不足了，下月還是要吃。 三、睡眠的支配時間不合理，宜調整。 四、晚上宜少看書，早睡覺，不要給眼睛弄壞了。
團體生活與交際	一、本科同仁「疾病」迭起，發生了「病」的威脅。 二、劉科員典赴渝中訓團受訓了，老林恐怕「肺病」起來，幸兒精神治療得法，漸有起色。 三、爭取了許多「小伙伴」的友愛，但還沒有導引上向前進的路上去努力！
發見與感想	一、此次寫了「時代的青年的使命」一文，寄楊同學甯生到新湖北日報發表，不知是否成功。但在我投稿報紙的記錄上，恰是新的發見，以後想多多的努力！

5月1日　陰　勞動節寫感

滿天是陰霾四佈，顯出格外的沉重和悽愴！

這是象徵著什麼？為什麼五一的勞動節如此黑暗！神聖的勞動代價，僅做了殺人魔王的工具，誰能不叫勞動者悲哀呢？

希特勒魔刀下的勞動者，起來吧！他不是說要剝奪你們的一切自由權利嗎？而為他一個人的「英雄主義」去作無為的犧牲嗎？常此下去，你們是會被它所毀滅的，祇有反抗，爆炸你們的工廠，才有生路！！

在自由旗幟保障下的勞動同志們，你們為求將來幸福的保障，子孫萬世自由的永生，你們要在今天加緊流汗，加強生產，祇有以生產保障反侵略勝利的條件下，你們才能得到真正的自由、解放，更拯救你們無數千萬在「納粹」壓迫下的同志們！

大時代的重任，放在你們的雙肩，時代的光明待你們去耕耘、努力吧！工作到了盡頭，就是黑暗中的黎明！！勞動的同志們！前進！！

5月2日　晴

傷風流鼻涕，精神是相當受苦，鼻空流的要發痛了！！

好容易三十日內洗一次澡，滿身覺得輕鬆了許多，又理髮，頭也輕些！！

讀蔣夫人「如是我觀」感言（大公報）

蔣夫人近為紐約時報著「如是我觀」一文，譯載於四月二十四日大公報，文章要旨約分三點：（一）說明

西洋人以往對華觀念錯誤與行動不當；（二）說明中國
成仁取義犧牲奮鬥的精神應為西方人所重視與取法；
（三）今後應摒除差等的觀念，世界各民族平等合作，
以創建新世界。立言正大，詞旨有力，讀了很有感慨。

　　第一，蔣夫人所指出西方人對華觀念錯誤與行動不
當之點，可說是今日東方問題的根本焦點。近百年來的
中國歷史，簡單一句話，是半殖民地被侵略及奮鬥的歷
史。這歷史由鴉片戰爭開始，所以中國的被侵略，西洋
人是始作俑者。在那時期，西洋人以豐盛的優越感，發
揮其無饜的侵略慾，憑藉暴力侵入中國的堂奧，用不平
等條約創造所謂租界及領事裁判權等特權，憑陵榨取，
俱用其極。當然我們也不忘記日本對我們的侵略，而且
我們正為抵抗日本的侵略而戰爭，但大家也應該知道日
本是開木之猱，學了西洋學的榜樣。中日兩國建立近代
外交關係，迄今纔七十年，當一八七一年中日兩國簽訂
修好條約時，不平等條約的鼻祖，中英江寧條約業已存
在了三十年。中日修好條規是中國近代外交史上第一個
平等條約，是曾國藩、李鴻章想要廢棄不平等條約的初
步努力，那時日本的議約代表柳原前光，就曾一再申訴
不平，為什麼英、法、美、俄等國在華所享的特權，日
本就不能照享？李鴻章就答以那些特權是要取消的，不
得援以為例。但日本那時雖與中國訂了平等條約，卻常
抑鬱不平，及甲午一戰，在馬關條約上，凡西洋人在華
所享的不平等特權，都照樣搬過去了。從那時起，日本
成了帝國主義者，英國更對日本垂青，與它結了二十年
的同盟，狐假虎威，自視優越，肆意侵略，中國之厄運

乃更加深。我們回溯這段歷史，並不是斤斤於算舊帳，而是證明蔣夫人所說西洋人對華觀念錯誤與行為不當的話之正確，且由於西洋人對華的錯誤與不當，更薰陶出一個更兇狠、更殘暴的日本來。它不僅侵害中國，現在又在反噬英國，而有太平洋之戰。對於日本，我們已無話可說，惟有與它打到底，但卻不能不喚起西方人的覺悟，改變他們的觀念，糾正他們的行動。這不僅對中國的觀念應當改變，西洋人的東方觀念，也應該整個的改變，英國在這次太平洋作戰中，所吃到殖民地的虧，就是這種觀念的歷史反響。

第二，蔣夫人文中所述中國軍人不屈不撓殺身成仁的精神，乃是中國之所以能夠以弱敵強，所以能抗戰五年，造成輝煌戰績的基本因素。這種精神正是使世界人民對中國刮目相看之處，也正是西方人所應該加以重視而運用實際戰鬥的。關於這一點，本報曾迭次著文闡揚，冀以自勵勵人，爭取反侵略戰之總勝利。茲讀蔣夫人之文，除益堅所信之外，望我全國軍民充分發揚抗戰的往績，不特要善保以往的優良收穫，還要更奮發、更堅貞的作必勝之鬥。我們一點也不能自滿，因為到現在我們所表現出來的，只是奮鬥不屈、堅苦卓絕的精神，而敵人仍極猖獗，失土仍極廣大，在敵人未大潰，失土未全復之前，我們全國軍民同胞的肩頭仍壓著萬鈞重擔，非但放不掉這責任，而且絲毫不容懈怠。

第三，最後也是最重要的，就是蔣夫人的結論，她說：「將來怎樣呢？西洋人必須改變他們對東方的觀念，我們當然也同樣的應當尊重西方國家。在我們所要

創建的世界裡，不應當再有誰是優秀、誰是低劣的思想存在，應當人人平等，全世界各民族的男男女女，大家攜手往崇高的理想邁進」。中國當然不會回閉關自守，而西洋人也必須肅清其優越感；中國應該接受西洋的科學進步，西洋人也應該對中國的戰鬥精神加於體認。舊時代的落伍觀念，不應再留存於人類的腦中了，全世界各民族都應該平等合作，打倒侵略者，創建新世界，這趨勢，正如萬流會海無可阻遏，中國必為其理想奮鬥，更望賢達的西洋人勇於遷善，忠於奮鬥。我們相信人是聰明智慧的，所以歷史的舊汙定能夠予以滌除！

三十年度年終考績案發表，余晉支上尉薪。

5月3日
我與環境

寢室是重新的調整了，新是一種敏感的刺激，它有使人興奮發生出愉快的潛力，它——被我屢次調整，也許就是這個主要的原因吧。

新的中間，產生出新的環境，環境是人創造的呀！但人尤是推著環境而刺激著發生美滿的新的感覺——似乎它尤在決定人呀！

所以，人可以決定環境，而環境也可以決定人，不過是決定環境的人少許吧了！環境決定的人比較多些罷了！

我呢？時常去創造新的環境是我的試驗！寢室，它更是我的實驗室，我是要創造環境而善用創造了的壞境！！

5月4日　晴
閒話五四

　　五四，原是一個公認的而非法定的青年運動節，但今年是正式被否決它「青年節」的頭銜了。原因，也許它祗是開創了青年運動的風氣，並沒有給青年運動培植下根除蒂固的種子，相反它是沒有中心的販進了紛雜的歐西思想，陷害了中國青年在二十三年中作盲目的狂流，作了許多沉痛而無代價的犧牲。評論其收獲與流毒，恰是幾乎相等，也許流毒要兒一些。此次中央也許是目擊於斯，痛定思痛，索性把它的頭銜取消了，好叫優秀而純潔的青年，回頭是岸，不再做迷途的羔羊吧！

　　舉行國父紀念週，本科羅科長作科務報告，分甄選、考核、登記三方面報告，提出考核、缺額、逃官三個嚴重問題！

　　接著讀書報告「民族主義」，儲文思是太詼諧了。主任提起了逃「官」問題，連指是逃的最多，他不勝感慨的說，「連指都是軍校或戰團受過革命訓練的，都經國家的培植，都是校長和團長的、領袖的學生，今天還有『逃』的發生，這真是豈有此理，怎能不叫國家危亡呢？」氣上心來，一連大罵這批受訓過的「連指」不行。我忝為戰團畢業學生的青年之一，回首當年，的確抱著熱血比今天更高十倍的情緒，但自問畢竟青年沒有辜負國家，卻是為國家的領導青年的，利用了青年，愚弄了青年，使青年走上了失望、消沉的路途！老實說，青年是純潔的，愛國的，擁戴賢明的領導者的，否則，成千的青年，也決不願追隨陳長官到窮荒闢壤的山裡來

苦鬥，來作「沒有名也沒有利」的生活。誰能否認這種
愛國精神，誰能否認這不是受過訓練的青年，才能表
現的！然而，今天還是要使青年苦悶而「逃」，要知
「逃」在青年純潔的心頭，是都麼沉痛的印象，想信
「逃」在青年的本身的引痛，恐怕比了混跡政治的人
物，更要引痛萬倍吧！

今天是五四，追念往昔，我們不勝悲愴，瞻念將
來，我們以青年的立場，誠懇希望這一代領導青年的人
「善自為之」，否則漫罵和埋怨青年，甚或利用與壓迫
青年，祇有加深青年的悲運、國家的損失！

5月5日

長官部舉行國家總動員紀念會，黃副長官溯述五五
紀念時，總理在當年就任非常大總統之際之前後革命環
境與奮鬥精神，「特別是不妥協精神之開始」。繼由柳
主任報告「全國總動員法」三二條之內容，作詳盡之分
析。返部，詼諧之流喻之曰：「生活總動搖」，蓋深恐
窮者愈動員愈窮，富者仍富，結果更為動搖也。

5月6日

閒話領導青年者之利用青年、操縱青年，不勝浩
歎！余真不知何故戰團等畢業之受訓學生，重入軍訓班
受訓之理由安在也？浪費青年之時間，國家工作效率與
經費，造成有色的青年，又將安用？

少、中尉的連指，掛冠而去者特多！不知當局作何
感？豈其一篤可了之乎？誰使青年失望？誰對不起領

袖，深願領導青年者，善自三思而省察焉。

5月7日

「精神波動」是隨著物價急劇波動而掀興了！公務
人員，尤其是軍政人員，它們是生活勢將不堪維持了。
出力做事的人，拼命效忠國家的，反要挨窮酸到叫苦連
天，對國家毫無貢獻的人，卻是囤積居奇，大發國難
財。即使是例外，也僅是軍政「要員」的神通廣大而
已，基層的總是不堪命苦了！

本部是素以苦幹為人家倡導，但苦到「食」而營養
不足，「衣」而衣服無著，畢竟也就怨天之聲慢慢的發
現了。各科室人員，據熟悉者統計，不有「動搖」之
象，嚴重之問題，聞已列入部務會討論課題之一。

5月8日

小統計，一月至四月，中、少尉連指逃走了六三
員！字寫得太差了，借到了一本「靈飛經」學著摹臨！
運動太少了，沒有機會出汗，今天學著籃球，出了臭
汗！本部浴室落成，每客取費五角，開古今機關之奇
聞！據說，當局顧慮生活太苦，預備每員月給津貼伍
元，杯水車薪，無濟於事，徒使人更為窮酸氣，乾脆不
要為妙！三科新來蔣淇堯同學，武進人，戰五期，洽談
頗善！！

5月9日

鴻澡自黔 X 光檢查返部，無肺痛象徵，大慰！！

5 月 10 日

與際輝談前途問題，得結論為：

一、在偉大理想的吸引下，把握現實，逐步分段展進。

二、集中力量，應付有系統的一門學問和技術。

三、向一種學問和職業，作道路式的直進，不多變動。

四、行動積極而向前，智識重於金錢。

五、摒除一切不良習慣與嗜好。

5 月 11 日

接昆明偉姊來函，詳述近況，頗多感觸之處：

一、很想骨肉相聚，然五年來始終未成事實，至深
　　悵悵！！

二、鶴亭處謀事或有可成，然此間不能離去，也是奈
　　何！！旅費的困難？性質的是否適宜？有無進修機
　　會，多要考慮。

三、他們費用浩繁，維持非易，的確很是關心。自己一
　　人還感不能維持，真自覺太慚愧了。

四、桐哥忙碌非常，竟連寫信都沒有時間，自己稍暇，
　　設不能力求上進，時機錯去，未免自己太自棄了。

五、琴苦守家園，內心上增加我痛苦殊深，假使能在
　　「人負我」的情形下解決，到使我無慮了，否則，
　　待之何年！

六、熱血沸起在心頭，一口氣寫完給桐蓀哥和偉青姊
　　的信。

七、月芳姊和楊君的婚事，已待桐、偉赴貴主持，想不
　　久便可成為事實了，此事也得到了許多快慰！！

5月12日

近日生活老是安定不下來，天意不知竟復何如？

抄錄高等考試注意及參考各點：

一、資格：略。（四）確有專門學術技能或著作經審查
及格者；（五）經普通考試及格後或曾任委任官及
與委任官相當職務三年以上者。

二、種類：分普通行政人員、教育行政人員、合作行政
人員、土地行政人員等十四類。

三、訓練：初試及格後，由中央政治學校負責訓練，優
等以薦任用，中等以最高委任用。

四、檢定考試：純為使無畢業資格之人，亦有參加國家
考試之機會，凡未正式學校畢業者，均可由此及格
而參加正式考試，不再受中學或大學畢業資格之限
制。普通檢定考試，甲種以滿六十分為及格，此等
考試只舉行筆試一試。應普通檢定考試之人員，須
有中等以上學校畢業之同等學力，但在校肄業之學
生，非離校一年以後，不得參加考試。計分財務、
外交、教育等，科目為：國文、中外歷史、中外地
理、公民等四科。

五、高等檢定考試：（一）凡欲應普通行政者，應試以
國文、政治學、經濟學、行政法、中外歷史、中外
地理六科。

高考初試課目：（一）普通行政人員考試：1. 國
文（論文及公文）；2. 總理遺教（建國方略、建
國大綱、三民主義，及中國國民黨第一次全國代
表大會宣言）；3. 中國歷史及地理；4. 憲法（憲

法未公前，考中華民國訓政時期約法）；5. 政治學；6. 行政法；7. 民法；8. 刑法；9. 地方自治法規；10. 經濟學；11. 財政學。

六、參考書：歷史——中國通史（王桐齡著）；地理——高中本國地理（張其昀著）；憲法及政治學——政治學與比較憲法（薩孟武）、政治學概論（李劍農著）；經濟學——經濟學原理（吳世瑞）；財政學——財政學（何廉、李銳著）；民法——民法總論（胡長清）；刑法——刑法學總論（郭衛）、六法全書；行政法——行政法總論（范揚）、地方自治法規。（最簡捷之預備方法，可購讀高中各科教本，並酌讀商務之大學叢書以資補充。）

八、試題舉例：

國文：（一）儒有委之以貨財，淹之以樂好，見利不虧於義；劫之以眾，沮之以兵，見死不更其守說（禮記・儒行）。（二）擬考選會呈考試院轉呈國防最高委員會變更高考程序為初試及再試兩級，並訓練一年，呈請審核轉呈示遵文。

總理遺教：（一）總理謂：三民主義即救國主義，三民主義可為抗戰建國之最高準繩，試分別說明之。（二）民生主義與共產主義有何異同？

憲法試題：（一）試以各國憲法為例，說明修改憲法之手續。（二）約法對於人民之保障及其限制。

史地試題：（一）北宋聯金滅遼，南宋聯元滅金，其史蹟進及得失如何？（此題與地理試題合併為一科）（二）東北遼、吉、黑、熱四省與西南川、滇、黔、桂

四省之地理，有何異同？試就地形、氣候、物產、交通、民族、外交各點分析言之。（此題與歷史合併為一科）

　　政治學：國家起源之契約說，共分幾大派？各派主張異同安在？試詳述之。（二）美國法院對於法律有違憲之審查權，其理由安在？利弊若何？

　　經濟學：（一）價格制度之功過如何？（二）邊際生產力對於分配之關係？

　　財政學：（一）關於公共經費，有生產與不生產二說，試說明其理論與背景及及影響。（二）關於租稅理論，有利益學說，保險學說，與能力學說，能力學說之中，又有主觀的犧牲說，與客觀的負擔能力說之別，試扼要說明之。（三）年來吾國各大都市，土地投機之風盛行，當用何種租稅政策以制止之？（四）中央支出與地方支出劃分之原則如何？並述我國現在中央、省、縣三級政府支出功效如何？試扼要說明之。（作二題）

　　民法：（一）試述停止條件與解決條件之要義，並舉例以明之。（二）試說明抵押權性質及其效力。（三）某甲以其所有房屋一所出賣於乙，業已立約交價，約定某日交房，屆期甲遲延未交，嗣因鄰火將房延燒滅失，乙能否請求返還價金？試詳述其理由。（四）下列各物（果實、雞、磚、肥料、漆、楠木）之所有權：一、甲園果實落於乙地，甲家之雞逸入乙宅；二、甲用乙磚建築房屋，甲誤施肥料於乙田；三、甲用乙漆為丙漆桌；四、甲有楠木，乙刻精緻之佛像於其上；五、法人有無權利能力、責任能力、侵權行為能力，與

自然人之分別如何？（作二題）

　　刑法試題：（一）何謂假釋？假釋中因他罪受刑之執行，其執行之期間，是否算入假釋期間之內？（二）數罪併罪，已經處斷，如各罪有赦免者，所除之罪如何執行？試舉例言之。（三）刑法一二七條第一項規定：有執行刑罰職務之公務員違法執行，或不執行刑罰者，處五年以下有期徒刑。試述該條項犯罪成立之要件，並設例說明之。（四）共犯中有共同正犯、教唆犯、從犯三種，試分別說明其性質。（五）未滿十四歲人之行為，觸犯刑法條文，因何不罰，試詳言之。（六）試簡單釋明下列用語之意義：一、牽連犯；二、連續犯；三、教唆犯；四、從犯。（七）刑法一二八條規定：「公務員對於訴訟事件，明知不應受理而受理者，處三年以下有期徒刑。」試述其犯罪成立之要件，並舉例說明之。（八）某甲係公務員，為敵間諜，而年僅十三歲之童子某乙，與貧苦無知之老婦某丙，於敵機來襲時施放信號，指示目標。此三人者，同為軍警逮捕，按懲治漢奸條例懲處，此三人負責能力顯有不同，究應如何處斷？（九）未必之故意，與有認識之過失，其區別如何？（作二題）

　　地方自治法規試題：（一）鄉公所或鎮公所附設調解委員會之任務如何？（二）特別捐為鄉鎮財政上之法定收入之一，其募集何以須由鄉民大會或鎮民大會議決？（三）現役軍警，現任職官或僧道，及其他宗教師，何故不得當選為鄉長、副鄉長、鎮長、副鎮長及鄉鎮監察委員？（四）院轄市與省轄市之設立要件不同，

試分別敘明之。（任作二題）

　　行政法試題：（一）行政法上之強制執行有幾種？試列舉之。（二）職務命令違犯法規之時，公務員有服從之義務否？（三）懲戒罰與刑罰有何區別？試說明之。（四）試言行政民主化之利弊。

5月13日

　　緬局轉趨惡化後，敵人已乘勢進犯滇邊，來勢甚兇，一度進抵保山縣境，幸空軍堵截得力，轉趨穩定。盟軍方面，過去忽視緬甸戰場，致造成今日不利之局勢，吾人深引為痛。我精銳之五、六兩軍，未能發揮偉大威力，徒因寡不敵眾，致被圍緬境，此種損失，又引痛憤！今後設能知所悔改，力為補救，則或尚可救也。晚，伯言先生等互談前途問題，謂長官為未來有希望之領袖人才，劍公則謹嚴處事，甚為長官信仰，將來長官他就時，範圍擴大，則同人等當可更有光明前途也，今則局處此間，不免稍受屈就等語。窺用意所在，乃大有安定人心作用之宣傳意義，雖事實亦然！！

5月14日

　　滇局無好轉訊，心憂之。桐哥在昆行動不便，更為一旦之移動為慮！下午，本科舉行生產勞動，科長率領下，全科出發在部後小山墾殖，初步鬆泥工作，完成已皆汗流浹背矣。

5 月 15 日

上午，繼續生產墾植，停止辦公，談笑間，進行甚速，頗獲相當成績。清晨，打籃球，何伯言的七百度眼鏡打壞了架子。下午，植菜式開始，初步成功，心中愉快之至。科長大請客，臘肉、烤肉狼吞虎嚥吃了一頓。主任召同仁個別談話，大有收攬人心之勢，處今日，的確也祇有「感情」可以維繫人事。

5 月 16 日

天氣暴熱，有驟變之可能，騰衝已失，滇局自緊為憂！長官部擴大會，晚，除政工隊演出「此路不通」外，有本部申科長體康之科長濤聲京戲「四郎探母」等之演出，心緒不寧，興味索然，強為一快而已！

5 月 17 日

近日部中伙食稍為改進，主任及科室當局，已展開向「動搖」之反攻矣。天氣又變，忽冷而可服棉衣也。月來讀書提不起精神與興味，自己不知如何是好？遠聞鄂省當局內部派系之紛爭甚烈，分土著與湘派為最，不勝痛心！！

5 月 18 日

上午，舉行總理紀念週，三科張科長世愛科務報告，最後自我檢討云「上面長官是賢明的，下面科員是苦幹的，沒有盡到責任的地方，都是我的負咎。」繼為讀書報告「民權初步」，王仁講評，一直到十二時散

會。接父諭、芳信、軼叔信，至慰。三科吳詠南同學離部返家他就，欲余留言，強應曰：「無論什麼事業，眼光固然要看得遠，規模要來得大，但開始時來做，一定要從最基本、最中心的地方做起。」余因佩其才而恐其好高而事誤也。

5月19日

晨操，因為不強迫出席的緣故，竟是每況愈下，每天僅有十餘人出席參加了。昨天紀念週，主任提出警告，放棄自覺自動自治的「自發」政策，改用強迫的「點名」與「罰金」，自星期二起實施，結果今日是大家都參加了。「被動」是一種惡劣的習性，但我國畢竟此毒甚深，不易改過，「情」用不通時，以「法」相輔而行，今日的確是治痛的辦法。今日抗戰艱危之際，有許多貪汙不法、囤積居奇之流，講「人情」都已不是辦法的時候了，祗有「嚴刑峻法」，也許可以收一些兒效果，或可救撥時弊之窮。當局們，驚惕的注視吧！

5月20日

此次本部發動生產自給運動——種菜——進行甚為順利，本科羅科長熱心領導，先聲奪人，引起後起之競爭，又屬對此事之推動，盡力不少。本科同仁中以劉級階老兄最熱心而努力，喻之曰「火車頭」也。

5月21日

學習小楷興趣很濃厚，每天臨摹「靈飛經」一頁。

今天丁科員叔其前來觀余練字，贈告選字學習之方法，選揀各體筆法之字數十字練習之，然後「百日」即可稍見進步，此後則此帖之運筆方法已熟，再分別學習全體，亦得迅速成功也。

5 月 22 日

下午四時許，赴主任室與主任個別談話，同時者有四科諸同志七、八人。略詢工作情形後，即詢問有無意見，余提出：（1）生活上能多接解，可使同仁稍慰快；（2）指導室調整問題——人事及有關事項；（3）其他，晨操囑多更換內容，可由中山室酌購參考書籍。身體須注意。一科增設額外司書一員，指導室問題可提供意見。原擬提出之青年與訓練問題，因時間將屆晚餐之際，未及提出，即行辭出。

5 月 23 日

下午，整個種菜服務，科長率領下埋頭耕植，開始了種菜史上的新紀元。新下種的蘿蔔是發芽和生長了，原來蓋著稻草，揭開一看，芽上生了「虛根」，鬚白的好似霉爛了，大家誤認了有害，就立時除去了稻草，其實是沒有關係的，還不是大家莫名其妙的自以為是？整個園地是修得整齊了，「第一科要做模範的提倡」，這是一種「理想」，在使我們努力呀！因此味道清淡的小組討論會也沒參加，結果，各組也都流了會，負責黨務的同志，當然相當感冒！直大同學川人大竹董君准請假旋里省親，同學宴其行者，到壽昌、鴻澡、貽蓀、粟

概、向樸、士龍、儀九、憲達、黃紱、文思等拾人。
飯後互作坦誠之批評，得益良深，綜合對余之批評：
（一）自信心太強；（二）主觀太深；（三）自尊太
過；（四）太嚕囌；（五）撒嬌——運動時；（六）稍
自私。當然，我承認是大部都對，的確犯了這些病，但
自知「稍固執」、「自信」也有保留之必要呀！但做人
的「態度」，謹嚴些，沒有充分的熱情露流，也許有人
不諒解的！不是「熱的情緒在潛流」，我當然自已安慰
呀！君淮囑書紀念「世道崎嶇，未曾舉足先觀步，甘苦
共嘗，今相識貴知心。」

5 月 24 日

　　君淮赴黔江返家矣。朝會提出進行「卅一年人事綜
合考核案」研討。

5 月 25 日

　　總理紀念週，第四科申科長體康科務報告，分別提
出經費、人事、庶務、警衛各項報告。按四科之業務，
關係同仁之利害較切，咸得盡心聽取報告。繼即讀書報
告「民生主義」，嗣由主任講評，說明本部經費「收
支平衡」，為處理機關應送循之原則，關於「節餘經
費」係指歷年來薪俸項下之缺額截款，似應繳還國庫。
關於「公積金」係指「公費、伕費、事業費」項下之
撙節款，則可由機關自行支配應用，但事實上今日之
機關，欲求撙節，已勢所不能。過去本部之「節餘經
費」與「今後之公積金」能稍微儲積，以備不時之需，

（移動）是為最佳，否則，亦當可酌情謀公用也。

午後，與際輝訪農民「除蟲」常識，得知辣椒菜咬去根部，乃係土蠶所吃，該蟲形似蠶無異，約居離土面寸許之泥中，晨時易掘。近日精神頗不安，習字太覺沒進步，又煩讀書不快，意懶散之。下午，何科員伯言贈予短褲壹條。科長赴施分發鄂軍管區政部工作同志。

5 月 26 日

午後，清剿床鋪臭蟲，時前預料者，為大小各十餘也。方開始于日光下檢查，竟發現大批群集，並殖蟲卵無數。至此，乃大為恐慮，知今月來睡眠不安與精神不快者，實臭蟲之為患所致也。乃決心殲滅，曝於日光之下，並分析床之各部，各個掃除之。先後剿滅者，計大者數十頭，小者七、八十頭，合計在一百以外，而皆飽食吾之鮮血者也。晚飯後，老申發現菜圃被豬仔破壞，計「顯菜一畦」毀去三分之二，殊為可惜。

5 月 27 日

赴長官部消費合作社購布鞋一雙，價洋拾肆元，已屬最廉者也。會軍務處同學沙曉峯、六法監部王震龍，談在施同學近況，知宣恩縣教育長胡昌文因貪汙不法，已判決死刑云，此等不法之徒，殊屬可恨也。下午，改種「長豆」一畦，頗佳。

5 月 28 日

滇西戰局稍見穩定，而浙西又復吃緊，敵人集大兵

十餘萬進攻，金華已處危城。窺敵用意，厥在消滅我浙省飛機根據地，以減空襲本土之威脅也。調製三十年度年終考績分類統計表，完成之。

5月29日

浙省戰局日緊，敵人已包圍金華，並滲透湯溪，進犯壽昌，其勢已欲奪取我空軍根據地衢縣而甘心。今日如何力阻其侵犯，確保我沿海空軍根據地，俾供來日反攻與轟炸日本本土之基地，除我軍應堅強英勇擊退頑敵外，我同盟國家，實亦應明察全局，立刻加強予我於援助，尤其空軍之迅速援助俾發動空中之配合作戰，予打擊者予打擊。而國人值此抗建再度遭逢嚴重之關頭，一味憑藉外援圖存，通外路線第一的觀念，亦應修正，痛下苦功，從自力更生處著手實幹。

5月30日

上星期小組討論會無故而流會，致引起當局嚴重之注意，除紀念週提出警告外，復令本星期補開討論會，題為「本黨歷史的檢討」，發言者僅三、四人而已，情緒始終提不起來。這種強制式的討論，對於實際太無補益了，但法美意良，畢竟原因在黨員對黨沒有認識所致，在今天，怎樣提高黨員對黨的深切認識，的確還是一個重要的工作，問題僅在技術上和領導上的設法改善。

5 月 31 日

本科丁科員巨任即將外調八二師政治部副主任，劉科員邦金亦將外派十五師政治部科員，前科員儲文思亦將外調挺軍二縱政治部為支隊指，本科為歡送以壯其行，爰定本日午時餞晏之。

張專員擴之自恩施返部，對謝恩俊之反復無常，無理拒絕來部甚表不滿，余亦耿耿。同學相處，不能於大處著眼，稍忍個人利益，如恩俊之剛愎如斯，誠使我對同學之熱誠銳為減低也。

與士龍商談油印「講習大隊通訊錄」，正在考慮中。

6月1日

　　儲同學文思，吾蘇之南京人也，為母團一期畢業，先後服務政工於七九軍，旋調任本部一科為科員，並暫調戰區幹訓團服務，繼又調任部中四科科員現職。性喜活動好急進，乃感斯境之不適，志切赴前方工作，業蒙允准，外調挺進軍第二縱隊政治部支隊指導員。同學輩壯其行，近日紛紛為彼宴別也，吾與之日夕相處者稍久，頗慕其堅毅之個性，今後果真得純火為練，則儲同學之前途，固可飛黃無限也，而要在能由堅毅而堅忍也。

　　紀綱等相談同學前途，每以母團不獲有精明幹練之人物領導為憾，部中同學，亦咸以地位太低，不獲與上級互通聲氣為恨。今後能邀一中級優秀幹部來部服務，藉資領導聯絡，殊屬必要也。否則目擊各級優秀同學，相率鳥散，殊為悵悵深矣。

　　總理紀念週，余被擇定為讀書報告，為建國大綱部份。

6月2日

　　忙了半天，清理著講習大隊同學的姓名、年齡、籍貫等初步的調查是完成了，要準備再謄正一份後，再進行油印。

　　本部督察專員毛戀猷氏活動湖北省縣長成功，據訊係遠安縣治，現正設法向本部交涉吸用大批幹部，士龍、紀綱等亦在其列，但是否願去，恰是考慮的一個問題，因為關係似非密切也。

　　散步於公路之際，偶見黨政分會小學校中三女教員徘徊公路，迄傍晚，該員等竟廁身於業已閉業之 X 副官餐室飲茶，似有所為者，後果有數男子抵該家共飲。此等教師，不顧身份地位，傍夜約敘歹所之淵，殊屬有損機關與學校之尊嚴之至也。以此等女性，負培育公務員子弟之職，且更屬有失矣，尚望當局有察於此也。

6 月 3 日

　　浙境戰事日緊，敵陷金華後，已合圍衢州，會戰序幕已揭，國人殷念殊切，盼能卻敵再造長沙之大捷也。近旬敵四處進擾，並作謠言攻勢，益加緬局失利後，國際通道暫告阻塞，其勢確亦屬居心所欲行之敵方「解決中國事件」之良機。幸我統帥部早有洞見，各路皆能堅強阻敵，諒窮驢技黔，不奈於短期內宣告攻勢崩潰也。

6 月 4 日

　　儲文思、劉邦金二同學離部矣，同人歡送其行者數十人，為部中歷次冠。逕行二里許始返部，頻別而心中尤深依依！東望金陵！與君何日暢敘耶？壽昌送至黔城，此後在部同學又少二人矣。午後繼續耕植菜圃，種玉蜀壹方。本科之菜圃，為全部冠，人皆慕之，然吾人所流之汗，實亦較他人為多也，天下寧有不勞而獲耶？

6 月 5 日

　　赴長官部衛生處打防疫針，訪合作社，價雖稍較市價為廉，但窮光蛋，沒有錢買東西，也仍然是冤枉呀。

戰時軍職人員恢復平時停年，中尉升上尉須二年，上尉升少校須四年，此種尊重國家官階之尊嚴，勿使濫授。原則上吾人誠為歡迎而擁護措置之得當，但試問值此「公務員抗戰」的情形下，大家拼著命為國家為抗戰流血流汗，結果是名既無，利亦空，餓了肚子還要挨凍。不相管的，儘可投機取巧，鑽營有道，發國難財的更是生財有道，捨命浪費，試問此種「不平」，怎能使人心安定呢？解決生活的辦法沒有公諸實行，而限制階級到先來了更嚴，不知當局對於「祗患不均」這幾個大字作何感想。

6月6日

破天荒第一次參加本黨的「黨員大會」，被指定充當記錄，更是聚精會神的，在緊張中經歷整個開會的時間！

由籌備委員何伯言同志報告了籌備經過，並申述黨員大會意義後，接著魯副主任以特黨部代表書記長的資格，作沉痛而懇切的訓示。他是素來乾脆少說話的人，今日竟越說越發沉痛而沉重的訓示著，這配合著嚴肅的場面，象徵著——本黨——目前雙重壓迫下的嚴重危機，須從每個黨員英勇站起來，對黨負責，對主義盡忠，方才有前途，才能衝破艱苦！

選舉開始，熱情是緊張，在開票時唱票開始，這是全場最緊張的一幕！結果是何伯言、簡勁、蕭勉恆三同志當選常委。

討論開始，繼續舉行論文演講競賽，充實中山室討

論會，改善生活案是一貫起來討論了。將近中午，大會宣告散會！

6月7日

　　一月來臨摹靈飛經，稍覺進步，練字之道，厥在日加工夫，繼之以時日，則三月後當能有進，日後則不斷學習，當能得心應手也。余自覺書法太差，不足供日常應用，殊以為苦，今後如能學有成就，則當亦能寬慰於萬一也。

　　讀自滇中同學陳中一來信，備述滇西之戰親歷之經過，有敵中衝鋒者，泰半係我山東、福建同胞，並被驅為砲灰，以售其「以華制華」之毒計，至堪痛心。而滇邊夷民言語不通，文化未開，見我散兵，仍為擄殺，倍增軍行之苦。與夫緬境歸僑，多有藏敵間與軍火者，反至後方擾亂，又堪痛心也。戰地人心頗為動搖，足見平時組訓之缺乏，更感平時政治之落伍為苦云。

　　桐哥在昆，久無信來，念念！

6月8日

　　接王鶴亭先生自渝千廝門小河順城街十八號導淮委員會駐渝辦事處來信，略云：「如有相當機會，再行函約」，則果赴渝謀事，當能不成問題也。余意得一稍佳環境進修，則不妨赴渝也。

　　區分部舉行晚會，節目尚堪，惜浙贛戰局危迫，無心領會也。

6月9日

科長自恩施返部。

上午，掘菜圃糞坑壹座，頗大而壯觀，同仁參觀者甚多焉。

接甯生學長來函，知「時代青年的使命」一稿，因失時效，未及趕上青年運動週特刊，但允設法介紹刊登他處，未卜能成事實否。

新湖北日報已停寄，但未言及訂費，恐係贈閱也。

復項華焌同學信，以六期乙級在部未留同學一人為憾！

6月10日

思俊隨科長來部。晨，約士龍訪張專員，蒙允准仍留民訓室服務，但力言「遲疑與不為」為青年大病，盼有以規之。恩俊已決心留室工作，此余之苦題乃得解決矣。余初次介紹同學，即遇此艱阻，為人誠難矣。談特室近況，知頗多應改善處也。辦稿之字，日見差劣，心憂而燥燥，果將何以努力乎。

6月11日

浙贛戰事日趨嚴重，上饒急迫，心頗沉憂！

致鶴亭師函，盼能獲一較久的專職的工作環境，俾學業俱能得益，能指示今後求學做事應準備之力學書目，又盼也。

午後，應區分部執委何伯言先生約，座談「壁報出版事宜」，推余擔任「小言論」之編輯，預計本月

二十二日可出創刊，每週一次。

近日選閱羅家倫先生近著「新人生觀」，頗有益進修。主張建立三種新的人生觀：

第一是動的人生觀：你不動，他人動，你就落伍。落伍是生命的悲劇。

第二是創造的人生觀：保守就是消耗、衰落、停滯、腐爛與敗滅，舊的因為時間的剝蝕，總有銷毀的一天。我們要有創造性的發揮。

第三是大我的人生觀：必須將小我來提高大我、推進大我，人群纔能向上，不然小我也不過是洪流巨浸中的一個小小水泡。

人生觀不是空懸，是要藉生活來實現的。不是身體力行，斷不能領會這種人生觀的意味，維持他的崇高。力的生活——意志的生活——強者的生活——強健、勇猛、無畏、正直、威嚴、心胸廣大、精神奮發。

6 月 12 日

羅家倫新著「新人生觀」讀完，它給我許多啟示和鼓勵，我將擴清潛伏在周圍可怕的因循、軟弱、倚賴、卑怯，和一切時代錯誤的思想——生命的毒菌。無畏的打掃淨盡，加強培植我新的活力，期待長成新的骨幹。他說：「這偉大的時代需要我們有力的思想，有力的行為，有力的生命」，這是有力的招示，我將力行以赴。

6 月 13 日

近米部中人事更迭，去職他往者特多，歡送餞別，

不勝悵悵！

6月14日

　　整理菜園，雖流汗紛滴，興仍濃厚，精神似有所寄於「種菜」。今日蘿白菜收得三分之二，共三十六斤，可供本部同仁三餐之用，創各科種菜偉大貢獻之新紀錄，心頗快慰。本日，本部召開臨時部務會報，科座云，有數科反對種菜競賽之檢閱，並多方攻擊本科之較佳，係人力充足、地肥、早種，意圖不良云，言下殊示痛心。余聞之，更痛心之至，此輩不知努力，不知創造，他人為之，方知被動起而應付，待他人較好，又為不滿，多方設法中傷之，阻撓之。觀乎國是之日非，實此輩份子作祟所鑄惡果，今夫一部之是否風氣良善，實亦影響至巨，除痛乎當局被迷不悟為恨外，實更為此輩妖精自痛也。要之，天下事寧有不勞而獲者乎，彼輩祗知投機取巧，希圖僥倖蒙蔽，豈有成就之可望。本科之「種菜」得有最佳之表現者，平心而言，實乃汗與血之交流結晶也，同仁咸皆付之大量流汗與水泡之代價也，豈偶然哉。

6月15日

　　秘書室鄭統計員光耀離部赴遠安縣府任科長。本科新到二傳令兵「秦紹臣」、「秦緒章」，皆施南人，頗好，尚能作育，同仁咸善視之，希能造就也。閱「讀學問」一文。

　　「學是學習」，「問是追問」，學問是任何人對於

任何事理，由不知求知，由不能求能的一套工夫。「有
些學問是倣效得來的，也有些學問是由嘗試、思索、體
驗和涵養得來的」，「學問起於生活之需要」，「學
問是訓練思想的工具」，「學問是道德修養的途徑」，
「學問是精神的食糧」。朱光潛說：「一個人如果在學
問上有濃厚的興趣，精深的造詣，他會發見萬物萬事都
各有一個妙理在內，他會發見自己的心涵蘊萬象，澄明
通達，時時有寄託，時時在生展。這種人的生活，決不
會乾枯，他也決不會做出卑汙下賤的事。」「學而不思
則罔，思而不學則殆」。

6 月 16 日

　　區分部第一屆執委就職，主任訓示，今後黨務推進
原則：（一）提高鐵的紀律；（二）幹的精神。推進中
心：（1）研讀；（2）運動；（3）娛樂——音樂、勞
作等。報告施行經過：（1）參加情報班訓詞，擴大民
訓會業務；（2）參加全戰區糧政會議，統一戰區糧食
之運輸、管理、支配，由黃副長官主持之。論及為人之
道，曾引長官語云：「人假使不作人的話，將變為何？
答曰：『商品』或『貨物』是也，因目下一般失掉人
的特殊使命者流，見利則爭趨，值自視為貨物或商品
也。」附帶報告緬戰失利之主因為在地圖上缺少一公路
——通獵戍者，因而被敵奇襲云，但損失僅三師而已。
並云九月前敵或將迴光反照，發動各處突擊之攻勢，然
我已警備矣。九月後則我將配合全面而反攻矣，斯時或
將亦謂「聯合國之共同進攻也」。辦稿一件，為應會

四、五科者，余意則既經查明，則我辦之可耳，然科長則是精細，勢必會四、五科而後已也，此種「認真」精神，至深欽服。

6月17日

上午，赴山澗水池洗被毯等物，傳令兵秦紹臣隨往。該兵來自鄂軍管區政治部，評述該部腐敗情形，公然在部內賭博等云，但該兵頗自愛，富向上心，對環境亦有認識，余勉其忍苦，在政部好好努力幹，則將來自有個人前途也。助余洗滌，一切能自動也，頗重視云。下午，本科丁巨任科員調八二師政治部副主任離部，同仁等相率遠送抵馬路，對去者甚為悵悵！而自視亦至可憐也，不久級階又將離去（家中來電母病云），睹舊日同仁新陳代謝之速，不勝喟然。謝恩俊同學，此次余首次介紹人為彼，而竟告不爭氣，真使我氣極！憤極！設彼不為整個團體著想，一意孤行，不能善自為之，則為維持余之名譽計，為團體前途計，余將加予警告也。而余之謀事不慎，事先不能善為熟慮，且聽信人言為佳，以有此失，實足為今後戒者也。為亡羊補牢計，則必欲使其勉力苦幹，以求有表現也。

6月18日

端五節，本部加餐，量豐味美，肚子裡加油不少！

賦感所及，作「紀念屈原」一文，分論：

（一）全國智識之士，應發揚三閭大夫之堅貞愛國精神，而負文化宣傳及國是輿論之責者，亦應三讀彼

「寧正言不諱以危身乎，將從俗富貴以偷生乎？」之
句，發揚屈公之正言精神也。

　　（二）端五懸蒲艾、張硃判，所以讓吉避凶，就今
言之，亦即除奸精神也。賽龍舟之道，乃在憑先民好競
之風，求此種精神之深入民心而寄焉也。吾全國忠義之
士，允宜發揚除奸偽之精神也。

　　（三）方今賊氛方熾，前線將士正浴血抗戰，後方
得而安居，正非易也，將何以努力方足無愧。而讀「每
逢佳節倍思親」之句，則淪陷區父老兄弟之骨肉離開，
正待援救，此全國同胞允宜更發揮愛國精神者也。

　　稿草擬後，即投「山珍」壁也。

　　浙貢戰事仍危，上饒郊外激戰，南城則已淪矣。北
太平洋發生海戰，日倭已在阿拉斯加之阿留申群島登
陸。過節，傳令兵每名科賞十三元。

6 月 19 日

　　黨政分會儲同學景良來晤，略談新湖北建設情形及
在鄂同學動態，對於同學之不能全部緊站崗位工作，缺
乏指導，實為目前缺點。此次特訓班畢業員生，全部換
發本校證件，母團當應同樣待遇，惜負責當局不能一視
同仁也。過去長官為遭各方之過份攻擊，因而放棄對母
團之維護，在此種為國家青年之公開精神，吾人固甚欽
佩，然為適應我國現行社會與國家處境計，當日之不能
堅持繼續辦理如第四團者，實一失計也。蓋寧失之今日
數萬青年無所適從，毋不避攻擊而領導之為愈也。久雨
放晴，散步巡視菜園，皆已長大甚多矣。

6月20日

接君淮信，知已安抵家中，後方酒醉金迷，根本和抗戰兩回事，能不叫人痛心。此次他返家省親，一方是盡了孝道，一方是對國家盡了忠，能下一個「忠義」的種子，我實在十分的同意，否則，國家忠義之士，種子留不下來，多的是寡廉鮮恥者流的惡種，國家民族將何以求前途光明也。所以，我對當局「諱疾忘醫」的辦法，也很痛心！！

6月21日

此次本科丁科員巨任外調，為原級充八二師政治部副主任。按之人事法規，權在戰區政治部決定，然公文呈報總部後，竟遲延批復，迄今半月後，始行電復應毋庸議。此種措施，毫不顧慮中國機關之處境與權限，一憑「權在手」放便行之，對於整個人事之法規與保障，殊失尊嚴，而剝奪各級之職權尤屬非是。戰後官邪為人責有煩言，此皆上不正下而起效法，以至不可收拾者也。可歎！

6月22日

「山珍」壁報問世，內容豐富，開本部壁報之先例，資助精神食糧不少。閱讀者絡繹不絕，收效尤宏，說者謂較之本部之日刊前衛日報與定期月刊前衛月刊強之多矣。本部宣傳落後，處處表現敷衍門面之狀，不然，失了時效的日報和月刊，印了還不是作工作報告和金錢報銷用嗎？我很希望「山珍」能提醒我們的精神，

尤其振奮我們的工作進取精神。

6 月 23 日

　　午後，科務檢討會，卅一年度上半年工作計劃之檢討，十之九未舉辦原因是人力與財力之限制。討論及中間機關職權問題、軍政交流問題、年資問題，訓練問題，則皆因當前大的不能解決，枝節的設法，亦屬徒然也。目擊政工制度之日形崩潰，可歎！職務重行調整，十八軍正式接辦，鴻藻或將接壽昌單位，壽昌則專管「綜合考核」，申則將接辦新來四師。余意則彙報、登記統歸申辦，我再增四師單位之。不知科長是否贊同？

6 月 24 日

　　接偉姊六月八日來雙掛號，寄來匯票壹紙，國幣伍拾圓整，桐偉哥及鎮平、鎮南二姪合攝照壹楨，微水漬損許。桐哥在利滇，大煜先生頗借重，負建廠督監之責，月入九百二十元，偉哥仍供交部國際電台，月入六百伍十元，但出支甚大，不得積蓄也。余意年內如政工無意繼續，則將赴渝鶴亭先生處，或設法至昆桐哥處供職。月姊在貴陽，即將結婚，桐哥或將赴貴主持也，聞郁紹秀有商車二輛，開昆貴間云。金華陷後，家中來信困難，殊以為念，想父親更為遠念也。

6 月 25 日

　　與周俊昌閒談情報故事，知此項工作人員對國家貢獻之大，其本人富有冒險勇敢之精神、組織機敏的訓

練，可謂最忠實的革命戰鬥同志。我國近年頗著成效，亦有進步，據云戴笠、賀衷寒、康澤、桂永清為四大金剛云。發桐哥信。

6月26日

下午，參加「山珍」壁報坐談會，增加內容「照相機」、「書報介紹」貳個，並定期刊行「書畫特刊」。旋整理菜園，辣椒已花收結果，茄子也有小的了，「長豆」生的滿棚，也不示弱。想起剛開始時的流汗開闢，今天已成一個美麗的菜圃，正啟示著「不怕努力沒有收獲」，祗恐吾人不肯流汗。

6月27日

閱朱光潛先生「談讀書」，茲摘要於後：

一、讀書並不在多，最重要的是選得精、讀得澈底。「好書不厭百回讀，熟讀深思子自知」。少讀如果澈底，必能養成深思熟慮的習慣，涵泳優游，以至於變化氣質。多讀而不求甚解，則如馳騁十里洋場，雖珍奇滿目，徒惹得心花意亂，空手而歸。

二、讀的書當分兩種，一種是為獲得現世界公民所必需的常識，一種是為做專門學問。

三、有些人讀書，全憑自己的興趣。這種讀法，有如打遊擊，亦如蜜蜂採蜜，可以養成一種不平凡的思路與胸襟。它的壞處，在使讀者泛濫而無所歸宿。

四、一個人如果抱有成就一種學問的志願，他就不能不有預定計劃與系統。對於他，讀書不僅是追求興

趣，尤其是一種訓練，一種準備。有些有趣的書，他須得犧牲，也有些初看很乾燥的書，他必須咬定牙關去硬啃，啃久了，他自然還可以啃出滋味來。

五、讀書必須有一個中心去維持興趣，或是科目，或是問題。

以科目為中心時，就要精選那一科要籍，一部一部的從頭讀到尾，以求對於該科得到一個賅括的瞭解，作進一步作高深研究的準備。讀文學作品以作家為中心，讀史學作品以時代為中心，也屬於這一類。以問題為中心時，心中先須有一個待研究的問題，然後採關於這問題的書籍去讀，用法在搜集材料和諸家對於這問題的意見，以供自己權衡去取，推求結論。這雖是一般做研究工作者所常用的方法，但初學不相宜。

六、蘇東坡與王郎書談讀書方法：「少年為學者，每一書皆作數次讀之。當如入海百貨皆有，人之精力不能並收盡收，但得其所欲求者耳。故願學者每一次作一意求之，如欲求古今興亡治亂之作用，且只作此意求之，勿生餘念；又別作一次求事跡文物之類，亦如之。他皆倣此，若學成，八面受敵，與慕涉獵者不可同日而語」。

七、讀書要有中心，有中心纔易有系統組織。要有儲藏室的筆記。

6 月 28 日

本部檢討上半年度工作，為求確實起見，特規定總

校閱一次，並預計日內舉行預行校閱一次，故本科特舉行預行準備，召開臨時朝會討論，對於各項表冊之整理尤為重視。月來，精神殊為失常，身體亦覺疲困，蓋生活有失常軌，似亟宜整飭也。

6月29日

舉行總理紀念週，主任訓示，有關應注意各項摘錄於後：

一、各科室各主管人員，各嚴密文件之保管，機密文件尤為重要。

二、各科室應嚴密勤務兵之管理與訓練（本部衛兵為尤重）。

三、一科應保持人事業務上之秘密，不得事先洩漏消息或作人情。

四、有關案卷除上級人員之查閱外，其他下級或平行機關，不得隨意放任來部檢閱，以免妨害主辦人員之情感。

五、主辦事項應切實負責擬辦，不得敷衍塞責處理之。

「山珍」壁報第二期出版，孔憲達同學之報頭，甚博好評，滴點欄笑謔備全，「因黨政分會✗✗✗、✗✗✗、✗✗✗赴施，本部✗君大失所望，✗百元之大請客計劃亦不得實現」一則，頗引起同仁之「感冒」云。

6月30日

接吳文靈自西康富林川滇西路工務局大渡河橋工事務所來函，知因新任人事關係更較密切，決暫留，仍負

總務之全責者矣，數年來環境殊佳，實為人事之所賜
也。今日「人事」之關係綦重，係為純粹之「人治」
社會也。然吾人年輕氣盛，不願屈膝於因緣為利者，
實難矣。

7月1日

為「山珍」壁報之「滴點」，頗引起部方✗✗兩方之意見，實在言之，有人欲利用「山珍」或容不免，然「山珍」之熱心同志，因為純潔而超然於✗✗兩方者也，部中近來分派之見日趨顯著，何吾國人士之善於私爭也。「社會是相當複雜」，吾人對此現象，實深嘆息！

7月2日

浙贛戰事日緊，頗為憂慮。埃及危殆，更為大英帝國焦慮。接黔江電話，悉劉典、徐燦如等已自渝中訓團受訓畢返部。

7月3日

劉典科員自渝中訓團受訓返部，精神較過去為佳。劉科員級階即將外派一一六師服務，為歡送及歡迎起見，本科舉行聯合會餐。席間劉科員報告領袖精神之鑊鑠，及中央處理戰時軍事政治之沉著，足可吾人告慰。赴長官部合作社領取新做單軍褲一條，工價洋陸元八角。

7月4日

劉科員級階外調，簽請以「代上尉」外派，結果主任批：「原級照調，以昭公平」，旋科長再簽請支上尉薪，奉批：「依會令辦理，屆時報核」。此種表示，實屬不為部下愛護，亦不信任部下也，欲使人忠心相隨，

其可得乎？部中近來意志趨向分裂，環境日非，大為使
人失望也。

7 月 5 日

與丁叔其兄談書法，對於靈飛經之學習，頗得指教
之處，並讚我進步甚速。對於筆法方法，亦經示以運用
之法，增我興趣不少。近日來公事稍繁，涉書甚少，對
於公文處理，少見純熟，擬今後多加練習之工夫。

7 月 6 日

近日準備預行校閱，工作稍繁，書報已置諸度外矣。

7 月 7 日

抗戰五週年紀念，回溯五年來全國同胞，不惜犧牲
流血，爭取國家民族之勝利與生存，滌雪壹百年來外族
侵凌之恥。吾人生當此時，躬與其盛，實無限自慰。今
抗戰已入新階段，自去歲十二月八日美日開戰後，接踵
之同一日訂立廿六國同盟，我已與同盟友邦並肩作戰，
休戚相關。方今軸心強盜正困獸尤鬥，冀最後之掙扎，
我盟邦英美蘇正值軍事緊張之際，我全國同胞如何加強
打擊暴日，發揚蹈屬五年來堅苦作戰之精神，以獨立擔
負東亞大陸之主力戰，實為當務之急。以此鼓勵友邦，
以求最後勝利之早日到來。政工大隊在大禮堂演話劇，
沒有去看。

7月8日

陳長官赴湘視察，來黔江，本部主任同行。為趕造
各級少校以上團指、科長主官名冊，請了三人幫忙，直
到下午五時完成，整日忙於校閱工作。

7月9日

劉級階離部赴一一六師矣。佈置辦公室，桌一律用
油紙包蓋，似較佳。各處皆切實整頓一番，顯為整齊清
潔了許多，藉此以整飭生活，檢查工作效果，恰屬好
處。貢境戰局日非，殊為悵悵！本戰區已實施阻塞戰術
（舉行井田式之破壞），藉此以防敵人之滲透戰術，既
可進而攻擊，又利退而防守也。

7月10日

上午，本部舉行「校閱」，柳主任隨長官赴湘，由
魯副主任為校閱官，各科長及督察專員與特黨部科長為
陪閱官。本科一切表冊公文檔案資料均見整齊而有條
理，寢室亦見整潔，諒此次校閱之成績，必能超人一
等。為襯單摺在鋪下，壽昌頗不同意，崛強之個性，甚
為固執，致引起科長微為不快。習久成性，個人宜多加
涵養為佳，否則，知己固可相諒，但不知者或個性亦強
者，勢必起衝突與誤會。至以對長官如此，則必有失於
傲慢，數次之後，人亦必不快矣。練習靈飛經，自覺頗
有進境，自慰。

7 月 11 日

上午，赴長官部持購物證入合作社購日用品，價目如下：

一、毛線黑布鞋每雙拾四元。

二、黑人牙膏每瓶拾貳元。

三、鑽石牌鞋油每瓶八元。

四、盤線 813 每盤伍元。

五、牙刷每只四元。

六、豆豉每斤叁元六角。

七、■手帕每塊 3.2。

八、附設理髮部「元頭」每位壹元。

午飯，用自己栽種之辣椒炒豆豉，味頗佳。余本不喜辣，然因菜不下嚥，且辣味亦日久成習，反以為佳品矣。晚，長官部同樂社演出平劇四個「女起解」，本部王科長笑天扮蘇三，「空城計」——申科長扮諸葛亮，「掃松」由平劇楊導員蔡月擔扮演，「罵殿」由余科員儀九為皇，徐會計長福海夫人伍尚之女士扮賀后，三八局局長彭太太扮大黃兒，演來均見賣力，博得掌聲不絕。今日鑼鼓全由申家班擔任，計操琴——魏上臨，打鑼——黃紱，打鼓——金又好，趣盤——王修今，在申大老班領導指導之下，亦見出力不少。迄中夜十二時始歡散。

7 月 12 日

接鶴亭兄自渝來信，謂利仁叔自滬來渝，至縈盤桓數日，對於代水泥事業頗具興趣，擬在川西先行設廠製

造，已於六月底赴成都查勘廠址，盼即行赴綦代水泥廠
實習，俾將來前赴新廠工作，共同努力於此事業等語。
此事頗為志願，余擬年內決心前赴綦江也，但目前部中
請假不易，成績較優者，又緊拉不准他走，實在相當傷
腦筋也。然另一方面，政工實無前途，自此次平時年資
恢復後，尉級人員晉升尤屬困難萬分，且待遇之低薄，
維持個人生活亦見困難且無事業性之存在，依人作嫁，
終為庸碌之為用耳。吾人學識較低，官場資歷限制及派
系之森嚴，人事關係之複雜，又皆阻人上進，而世道之
衰，私營鑽奪之風，實使人更寒心之極。故擬稍待數
月，再向科長開談判，俾設法請求外調，能到萬縣五五
師則更佳，屆時即擬逕赴綦江。今日航信桐哥徵求意
見，並與壽昌商討，赴長官部新茶社一遊。旋叔其等皆
來遊，費茶資五元。此事尚醞釀中，擬暫秘而不宣也。

7月13日

　　紀念週副主任講評預行校閱各點，指示毛病頗多，
尤以：（一）諸事皆各科自行發展，未能統一性而頗雜
亂；（二）公共地域皆欠注意，足見組織力量之散漫；
（三）公物尚未保存妥善與愛護備至。覆鶴亭兄信：
（一）擬前赴綦江；（二）待八月初本科調訓科員返部
後進行外調；（三）外調順利，則逕抵綦也；（四）時
間稍遲，詢有無問題。此次雖已決心脫離政工，另謀工
業界發展，但是否成功，尚無絕對之把握也。預擬先徵
求科長之同意，然後待黃華返部，並帶數同學來部時，
再行外調駐萬部隊。值此欲離未定之前，心中實不勝躊

躇，蓋自民廿八年一月受訓及卅年一月服務以來，為服
務軍政界而努力者，已有四載，一旦捨棄，不免依依！
又以今日環境尚佳，甚博官長器重，同學老鄉相處亦甚
歡洽，一旦離去，人情之常，亦有不勝別而去之情也。
瞻望前途，至中實不知所從矣，但家父屢囑隨鶴亭兄服
務，桐偉二哥又力主之。今又來函相招，「共同努力於
此事業」，推愛之切，可謂已到極矣。負責人又係利仁
叔，為親戚，即幫忙亦當不辭也，況為自己將來之事業
之發展乎。現桐蓀哥已服務於利滇化學公司，設我能服
務於水泥廠，則兄弟努力工業，作有效之國防貢獻，對
國家亦深為利也。余意已決心前往，俾展所長，埋頭
於工業界之發展，任何困苦則非所計也。成功乎！天
助我也。

7 月 14 日

　　發桐哥航信，徵詢赴代水泥廠工作之意見。覆鶴亭
兄快信，待八月初進行外調。發文燾兄信，囑酌情代籌
旅費，整日為此事考慮，心頗不安。近日際輝正忙於設
法活動，分別向魯省府請求保送中政專修班求學及中
大復學，及糖專局、中組部謀工作，似亟欲謀脫離政工
也。余擬黃華受訓返部後，即進行外調，未卜能如願與
否耶。

7 月 15 日

　　膳食委員會自流會宣告辭職後，即由第四科接辦，
近日尚可勉為維持，然無味且量少，終不足濟下嚥之助

也。本桌同仁素有加菜之舉，每拾元一次，約半月得以
挹注補充。但近月肉價高漲，小菜亦飛漲，聚會尚不
足數次之用，而告完了。有自合作社購乾鹽、豆豉後取
辣椒煮者，味甚甘美，且頗適下嚥。此次辣椒，則各科
之菜圃亦能供給，故本桌倣而行之，頗得其道，且屬經
濟，於是每餐得飽食矣。近日膳堂此菜大為風行，佐以
下膳，莫不喜形於色也。作書文燾，盼能酌籌旅費若
干。與鴻藻談，去留皆以得上尉級為是，然待之太久，
不免使人焦急也。閱黃華來信，約十一日即可抵渝，勾
留十日左右，即可返部，預計八月初定能返部矣，屆時
或可外調也。君淮來信，已不願返部矣，知已相率離
去，年內恐無有舊日歡敘之樂矣。追思同來貳百男兒，
行將各奔東西，殊可浩歎，此亦領導之不善所致也，又
何言。

7月16日

此次應鶴亭兄之召，擬前赴綦江代水泥廠工作，並
謀前赴成都陳利仁叔新籌之代水泥廠工作，經再三考
慮，實覺有前赴之必要。

（一）自平時停年恢復後，久停尉級，已無復調訓中訓
團或高教班之望。

（二）此間環境日趨複雜，同學已日漸分離而去，精神
已無愉快之安慰。

（三）登記工作繁雜而無補實益，影響個人前途學識與
能力。

（四）個人學資俱淺，秉性又忠厚，在行政界無展開前

途之希望，在政工又更無發展之可能。

（五）在政治工作路線全無人事之關係，終為人利用，
　　　依人籬下，非久計也。

（六）擬決心改謀工業或實業，到工廠裡工作，求實際
　　　的工作中去求發展。

（七）桐哥及鶴亭兄、祝三兄及家庭現皆與工商有關
　　　係，唯有走此道方能適合環境，稍有發展希望。

（八）個性及家庭環境皆不宜官，故決謀脫離政工也。

（九）鶴亭兄及利仁叔皆係自己人，努力工作既有事業
　　　性，又有希望。

　　但目前林科員鴻藻、申科員際輝皆有去意，勢又科
長困難矣。然不去則於己之前途及將來之友情，皆將全
失也。況有一既去，則年內余之離此，又不可能矣。此
又勢之非謀早離不可也。

7 月 17 日

　　整理菜圃，本科之茄子、辣椒、長豆、南瓜、蘿
白、包穀、紅薯皆已長成結實，累累之果，心殊快意，
足見天下之事，能耐心下工夫做去，總可有收獲也。但
不時之留心愛護培植，亦屬重要，否則枯槁而死，被暴
風雨催打而死，亦皆足以功虧一簣。是吾人處世涉足社
會，時時不忘學養，實亦然也。

7 月 18 日

　　近來科中同仁受本部環境及生活之影響，工作精神
皆取沉寂，趨向於敷衍之道，伙食之不良，食不下嚥，

意見之分歧，精神喚散之象日顯現。接君淮來信，責於
驕傲？自信之甚？余實無之。

7月19日

　　上午本部舉行菜園檢閱，本科成績一般輿論為最
佳，此事實之鐵證也。今日第三次貢獻辣椒，計產量約
陸斤有奇，除留斤餘為自餐外，五斤盡獻伙食。計先後
捐公家已八斤許，外加蘿荸等之捐獻，在數量上亦必佔
第一位也。本科此種好勝與競尚之風氣，養成上進之信
心，殊屬可慰，而羅科長領導之得法，尤堪為吾人欽敬
也。下午，整理黑襪壹雙，累極！！

7月20日

　　舉行紀念週，于專員報告視察情形經過。述及部隊
對政工的態度，一方面仍屬歧視，一方面則因為稍為連
絡接近，尚屬洽和，而認為政工甚屬需要——因為可幫
忙許多副官事情做。最後副主任慨然批評，認為過去
政工較佳者，卻屬協助部隊做副官事的結果，實為莫大
恥辱，今後應認清本身立場去工作才對云。部中同仁之
苦，可謂至極，某科長為節省鞋油起見，竟用木油擦皮
鞋，清白色的油光，看去怪可憐也。一個個面黃，表現
營養不足，苦幹之精神無以復加。

7月21日

　　接鶴亭哥七月十三日發快信，囑即赴綦江導淮委員
會綦江水道工程局工作，並謂已同林局長說妥。彼則擬

月底赴蘭州參加工程師學會，信寄重慶中一信蔭廬二號，一寄航快蘭州道門街 62 號章光新先生轉。如不計待遇，至該處工作，可逕到綦江導委會訪張書農先生，請其介紹去見林局長報到（局在油坊腳，離綦十七公里，須坐船或滑竿去）。連來二次快函，相囑前赴，故擬決心前往也。擬明日即赴科長家談判，請求外派，俾至渝後轉綦工作也。淇堯亦擬外派，擬有機同行則更佳也。此去已成定案，願早日進行順利之。

7 月 22 日

晚赴科長家談請求外派及脫離政工問題，余坦白相告，並示以最近鶴亭兄來函及過去桐哥及偉姊等來函，表明余之欲去，純係為前途事業及整個脫離政工計，而非為謀其他之活動，以圖高薪而享受也安樂生活也。蓋余學歷較底，個性不適官場之混跡，而於工業界則較為便利，有發展之可能，況桐哥等咸服務工業界，共同致力亦為將來之勢所必然也。科長初頗有難色，旋經懇切之解釋，允待考慮後進行。余意擬待黃科員華返部後即行簽請外派，俾早日赴渝，即日由何鵬飛同志先行協助工作，以做將來協助登記之準備，將來余之職務，則由黃科員華帶回同志中擇一擔任。科長對黃華留部一節，擬再考慮，囑第一步今日應先覓得妥員接替業務，然後再進行第二步外調方可，並謂時間上亦應稍遲之。余以大體上已得通過考慮，旋即辭別返部，並囑應嚴守秘密，不得洩漏，致遭困難云。

7月23日

發鶴亭兄及蘭州航快及渝快各一，告以決心脫離政工，約八月中離此赴渝轉幕。發桐哥快函，盼能電匯貳百元來此作旅費。現亟待覓妥員接替業務，預備先行由何鵬飛同志協理卡片登記，物色與介紹妥員實屬困難也。

7月24日

政治學大綱尚未閱完，預備從速閱完並摘記完畢。

7月25日

黃科員華自黔江來電話，知已自渝受訓完畢返黔矣，佛涵及新同學二人隨來。此次黃科員仍留科服務，諒余得藉此外調矣。楊育興同學在特務二團室環境苦悶，來信屢囑設法調適宜工作，今日已得何科員伯言同意，擬調本部特別黨部服務，諒可無問題也。總之，在部方之環境，似尚佳，惜為前途計，為鶴亭兄相邀計，不得不求脫離也。

7月26日

久旱未雨，氣候悶熱，形將告旱災矣。菜園亦因無水可溉，漸為枯老，設天災旱禍頻施，吾民將不堪生矣。

7月27日

黃科員華自銅梁軍校軍官訓練班第十一期受訓完畢

返部，同來有二期同學楊興華、四團同學唐炎昌二位。
此乃黃同學介紹來本部核派者，果得科長允許，留一在
科服務，則當可請求外派服務矣。近來為外調及赴綦
事，心情頗為不寧，蓋此事關乎前途事業路線之決擇，
衡量利害，俱費人之考慮者在在是也。赴渝為陌生地，
並將轉入新機關，處新人事及環境，能否合乎希望，確
是大成問題。但勢已非進行不可，命運之神，有待於長
官之准否也。王視察來部，為表冊事，又煩忙矣。

7 月 28 日

　　與新來部之楊同學興華、唐同學炎昌擺龍門陣。唐
同學係戰幹四團畢業，對於四團情形及西北軍政情形，
甚為深悉。談及封鎖八路軍情形，可知中央對於西北軍
事，確有相當把握，而胡宗南將軍所率領之新軍，亦經
嚴格而特殊之訓練，對於西北軍事，確有相當把握也。
談及西北政工，對於民訓一項，特為注意，此乃為展開
政治鬥爭之工具，幹部皆出於戰幹四團，軍事方面，則
幹部皆出於七分校，兩方皆係胡宗南將軍主辦。工作
上，軍政甚為融洽，效力亦較著云。傳聞三戰區已由羅
卓英將軍繼任司令長官，果真，則江南之六、九、三、
四、五等五戰區，在軍事上盡屬陳誠將軍之統率，未來
在軍事上之發展，當未可限量矣。

7 月 29 日

　　為趕造各級單位官佐總名冊、現缺額統計表、改制
後連指增設消長情形統計表，日來頗為繁劇，為心緒之

不寧，日見個性暴粗，稍不如意，則與人口角，實屬太
欠修養矣。

7月30日

擬外調報告，對於此事，仍時刻不斷作慎重之考
慮，但精神上似屬恍惚矣。半月來心緒不寧，對於身體
上打擊之巨也。

7月31日

第二科丁科員叔其，隨總部王視察員出發各級視
察，黃科員華隨來之楊同學興華、唐同學炎昌皆暫留第
二科工作。此舉之措施，或為科長準備允我外調也。

8月1日

　　據科長云，總部訓令，今後本部第一科所主管之人事業務，仍應按照總部之規定，劃歸第四科主管。刻本科科長，已提出當局討論，並已決心擺脫此項業務，準備移交四科云。是則第一科人員，勢必另調入第四科一部份工作，余原為四科科員調一科服務者，當更勢所必調矣。故為此，余決心從速進行外調，俾赴渝工作，蓋在四科又將換一主官，況非吾所心願者，同樣換一環境，那何不去綦為佳，且有人事之關係，當更方便多矣！今日特以此事詢劉科員典之同意，彼對脫離政工一節表示認可，但意謂能稍忍耐數月，待得上尉加委，則來日轉入行政界工作，銓敘方面當能較好云云。對於改入其他臨時性質之工作環境，則表示不可。繼謁五科徐科員燦如先生，承揭示去綦轉入工業為佳，並謂一切困難可商量之，蓋政工界並非吾人理想之前途，況此間人事不洽，一旦柳主任他就，勢必瓦散，並無前途整個希望也。能入工業界，並自己人在一起工作，當然較好也。故余決心明日同科長提呈報告，堅請外調，並請陳、劉說項云。

8月2日

　　晚飯後與壽昌赴科長家中，商談外調服務事。當經徵得科長同意，允余與黃科員華對調服務，業務則移交黃科員接替，將來並擬外調八二師政治部工作，以利一切之進行。旋略進晚飯後返部。

8月3日

　　提呈外調報告，為此事終日念念不釋，神志殊為困倦。前途之抉擇所在，良為苦心！今日環境之佳，似亦為眷戀萬分者。

8月4日

　　與向樸兄談工作環境問題，余主彼仍在部繼續努力，能調任統計員亦佳，彼前有意離去，故堅不欲就統計員職，但今欲去不得，似仍以留任在部為佳也。紀綱、鳳樓兄皆主之，余擬有機再為設法能調秘書室為宜。據云：長官曾囑鄂人事處處長郭驥氏負責調查中訓團、戰幹團、鄂幹團受訓學員生，以藉連絡云。黃華能力似稍欠，余頗以彼不能擔任此職為慮。

8月5日

　　關於與黃華對調事，科長已允簽辦，並囑趕辦業務之結束，並逐步與黃科員移交。近日趕辦各種臨時交辦工作，頗為繁忙。上午，何科員伯言約個別談話，誠懇挽留繼續在部供職，並謂希望來日共處，為暫時之權宜計，力勸暫入特黨部為幹事，以調劑生活。余以來部之初，即由何科員相邀，知遇之情，似難堅卻，遂婉詞向之說明衷情及前途改變工作方向等情由，尚獲諒解，唯以前途問題，曾三囑慎重考慮。關於本部同學事，亦有提及，絨意將來如能致力「工廠管理」亦可，唯前途則亦有限云。時許，即辭出。訂中央周刊49期起，本年價柒元。

8 月 6 日

天時亢旱，黔地已成旱災，稻、包穀、豆，形將枯死，農民咸憔心祈雨，鳴鑼遊龍以禱之。據老農謂，能日內下雨，則低地稻田尚可有七成之收獲，豆亦有望，包穀則遲種者已無望矣。今日一度四佈陰雲，如雨欲來之勢，但炎日瞬即高照，雲即四散矣。午有農夫十餘人，持龍祈雨，躍舞鳴鑼，居民則以水澆之，各人俱水淋身盡溼，以勢求雨者。部中人圍觀，皆大笑，不知所云。愚民可謂笨矣。近日稍得農事常識，謂：（1）天旱禾苗葉捲，則謂天旱必成災矣；（2）天河邊之「水中星」如平衡，則必下雨矣（二星為閃鑠者）；（3）稍旱後大雨，則「豆」尚可豐收云。

8 月 7 日

上午，主任手諭調黃華赴秘書室服務，究竟何因，不得其詳？科長關於余與黃華之報告，延未簽辦，亦不知何故？果真黃華調秘書室服務，則余之外調勢又波折，但科長仍允調唐炎昌同學接替，原則上允余離此也。究竟如何，抑科長不允我去，或不願留黃華在科，實有謎在也。晚飯時，天驟下雨一刻許，來勢似大，惜不久即停，雨而未大，仍無益也。

8 月 8 日

赴長官部合作社澡堂洗澡，價特座壹元，由黨政公會郭幹事請客，旋志義、紀綱等來，知述祖現任廣西省社會處視察代理第一科科長，較余等相較，實勝數倍

矣。入浴時，見本部傳令兵亦在浴，在平等之立場之固
無不可，然為尊重身份起見，似欠宜也。晚與淇堯坐
談，對於本部諸葛督察專員彬，及于專員紀夢輩之苦幹
精神、效忠工作，殊為欽佩。惜身為陸軍上校，一貧如
洗，衣衫襤褸，不得眷養家屬，且不為群眾崇敬。睹此
名既無所得，利亦全無，國家不能對此有所保障，不勝
浩嘆，故對政工前途之黑暗，不免為之寒心也。

8月9日

余事迄未簽辦，心殊焦慮，恐有阻礙橫生也。閱前
衛月刊第二期，知余之論文亦刊載，為余平生著作公開
發表之首次也。

8月10日

接父親七月八日來諭，知家中甚好，生意亦順手，
但物價高漲，肉每斤 6 元，荳油■ 18 元，較之黔江實
相彷彿也。繼母甚好，力稱愛護芸、芬、穎等，懷忠沉
僻太深，至嘆。琴事不得要領，余意聽之而已云。穎高
小畢業，擬即習商。翁思信據云在重慶新橋薪薪煤行。
原諭轉寄桐哥閱之，發月姊，軼卿、賢文等信六件。

8月11日

科長將原遞之報告退還，囑另繕一報告，因情況有
變更也。晚草就，即擬繕正，但心緒不寧，作罷。忽有
蛛蜘一只掛於面前，迷信為「生氣」者，前亦發現一次
矣，故心中更不樂，而未繕也。鶴亭復信及桐哥復信未

至，念極。晚飯時得際輝告稱，黔部有土匪四百餘，竟謀與 ✗ 警局聯合搶劫黔江城，事被發覺，主犯人等皆已被獲，並將嫌疑警局繳械矣。此種舉動，諒必有他因主使也。

8 月 12 日

天時亢旱，此間業已成災，雖微雨時有，然杯水車薪，已無濟於事矣。但老百姓毫無防旱之農田水利，實亦屬非是，全憑靠天吃飯，不謀根本之補救。值天旱則坐以待斃，或挺而為匪，真使我痛心，近復聽信流言，遺禍於駐黔機關，更復可笑可恨也。

8 月 13 日

抗戰第五週年的「八一三」是從沉痛的回憶中來到了。回想當滬戰初爆發之際，我軍以英勇之戰姿出現於黃埔江畔，以暴敵以迎頭之痛擊，浴血苦戰，增我國際之地位，而破敵人「速戰速決」之企圖，實奠定長期抗戰最後勝利之主因也。自滬戰撤守，我故鄉淪陷，大江之南可愛之田園，睽別了轉瞬五年，父老兄弟，闊別了五年，是都麼的系念縈懷。今日又該是新稻香的時候，能不眷念依依！為請調外派脫離此間事，今日已得科長允簽，並徵得楊同學興華之同意，接替余之業務，並決定明日起楊同學到本科開始實習也。離去不遠，同仁相處至善，內心殊為念念不安也。

8月14日

　　楊同學抵科工作，關於登記方面之工作及管理卡片工作，開始移交一部份辦理之，尚能認真學習，興趣亦高，大約月內當可全部熟手也。原簽尚未送核，不知有無問題也。讀中央訓練團團訊，知由侍從室第三處來負責中訓團黨政班學員之通訊指導、連絡、考核事宜，團長對於此事特為注意。可見訓練後之運用，欲求發揚最高效用，連絡指導為不可少者也，戰團畢業同學毫無通訊之連絡，誠可憾也。

8月15日

　　午飯時，科長面告余之外調事，已奉主任批准。午後，接偉哥電匯來款國幣貳百元整。晚赴長官部大禮堂參觀本部官兵同樂社演出之平劇，有蔡同樵之追韓信，最為精采，而忠臣謀國之忠誠與求賢之切，溢於言表，殊堪為今日因事擇人者之勵也，更足為當局者用人之法也。

8月16日

　　復桐哥信，給鶴亭先生信，告約月底可啟程。近日思思不定，夜每失眠，精神受損至巨，真不知如何是好也。

8月17日

　　紀念週時，主任訓示「領導之重要，勉同仁接受領導」，余精神不快，未參加。下午，突為頭痛，精神困

倦，晚飯進少許而已。向樸意返秘書室工作，擬向伯言
先生進行談判之，楊育興尚未簽辦，不知是否成功也。
離意雖切，然為同學前途計，仍擬力謀安擺，俾為同學
整個建立有利環境也。

8 月 18 日

　　與燦如、岡陵、典等散步，暢談頗快，旋返五科閒
談。彼等發起各科聯合會餐，同時為余餞行，余聞之
下，內心殊為惶恐。蓋來部以來，毫無建樹，設蒙諸先
輩為餞，真愧不管當矣。

8 月 19 日

　　午前整理「紀念集」壹冊，此係專作同好之留紀念
用者，意在精神久結，藉作來日再敘時之印證，同時亦
連絡人事，考核求人之儲材登記也。晚至四科玉崑、建
侃兄處談，在部多蒙同仁見愛，皆備為慰留見諒，衷心
感甚。近日讀曾氏家書，深得曾公治家專在「勤儉」兩
字用工夫，得力最大。而近日余心之耿耿不安者，亦因
得此書而愈矣，擬至渝後速購壹冊批閱之。

8 月 20 日

　　曾文正公原名子誠，字伯涵，湘鄉人。王父星岡
公，嘗曰：「常願通材宿儒，接踵吾門，此心乃快」。
父竹亭公，生子五人，公居長，名國藩；次國潢，字澄
侯，即所稱四弟；次國華，字溫甫，即六弟；次國荃，
字沅浦，號子植，即九弟；次國葆，字事恆，號季洪，

即季弟。讀曾氏家書，首宜知此也。曾氏於遜清末葉，勳業文章，為有數人物，雖軍務倥傯，不廢學問，著述之富，高可等身，誠難誠可貴。其家書一種，愷切詳瞻，文極通暢，正誠修齊之道，胥在乎是。且淺近顯明，尤宜於初學，不特可增長學識不少，於立身處世之道，思過半矣。今關於青年學子身心尤切要者，摘之：

1.學問之道，能讀經史者為根柢。

2.勤者生動之機，儉者收斂之氣，有此二字，家運斷無不興之理。

3.欲去「驕」字，總以不輕非笑人為第一義；欲去「惰」字，總以不晏起為第一義。

4.且苟能發奮自立，則家塾可讀書，即曠野之地、熱鬧之地，亦可讀書，負薪牧家，皆可讀書。苟不能發奮自立，則家塾不宜讀書，即清淨之鄉、神仙之境，皆不能讀書。何必擇地？何必擇時？但自問立志之真不真爾。

5.今日進一分德，便算積了一升穀；明日修一分業，又算餘了一分錢。德業並增，則家私自起。

6.身體雖弱，卻不宜過於愛惜，精神愈用則愈出，陽氣愈提則愈盛，每日作事愈多，則夜間臨睡愈快活。若存一愛惜精神的意思，將前將卻，奄奄無氣，決難成事。

7.往往積勞之人，非即成名之人，成名之人，非即享福之人。

8.蓋士人讀書，第一要有志，第二要有識，第三要有恆。有志則斷不敢為下流，有識則知學問無盡，

不敢以一得自足。如河伯之觀海，如井蛙之窺天，皆無識者也，有恆則斷無不成之事。此三者缺一不可。

9. 弟三月之信，所定功課太多，多則必不能專，萬萬不可！又云：「功課無一定呆法，但須專爾」。

10. 又云：「求業之精，別無他事，曰專而已矣。諺云：『藝多不養身』，謂不專也，吾掘井多而無泉可飲，不專之咎也。」

11. 今人讀書皆為科名起見，於孝弟倫紀之大，反似與書不相關。又云：「務使祖父母、父母無一時不安樂，無一時不順適，下而兄弟妻子，皆藹然有恩，秩然有序，此真大學問也！若詩文不好，此小事不足計，即好極，亦不值一錢。」

12. 譬之富家居積，看書則在外貿易，獲利三倍者也。讀書則在家慎守，不輕花費者也。譬之兵家戰爭，看書則攻城爭地，開拓土宇者也。讀書則深溝堅壘，得地能守者也。

13. 買書不可不多，而看書不可不知所擇。

14. 凡世家子弟衣食起居，無一不與寒士相同，庶可以成大器。

15. 凡將相無種，聖賢亦無種，只要人肯立志，都可做得到的。

16. 凡事皆有極困難之事，打得通的，便是好漢。

17. 曾公一生，最重勤儉二字，而云：「余於儉字，做到六、七分，勤字則尚無五分工夫」。

18. 對於子姪，最怕驕、奢、佚三字，故云：「家敗離不得個奢字，人敗離不得個佚字，討人厭離不得個

驕字」。語屬確切不移。

19. 曾字治家八字訣：（八字訣）考、寶、早、掃、書、蔬、魚、豬。考者，祖先祭祀，敬奉顯考、王考、曾祖考，言考而妣可該也。寶者，親族鄰里時時周從，賀喜弔喪，問疾濟急。早者，起早也。掃者，掃屋也。又云：「家中種蔬事，千萬不可怠忽，屋首門塘中養魚，亦有一種生機，養豬亦內政之要者。」

20. 八本說：「讀書以訓詁為本，作詩文以聲調為本，事親以得歡心為本，居家以不晏起為本，作官以不要錢為本，行軍以不擾民為本」。

21. 曾公求才若渴，知人善任，一為鄙薄，庸醫不喜服藥。致沅浦書云：「求人自輔，時時不可忘此意。人才至難，往時在余幕府者，余亦平等相看，不甚欽佩，洎今思之，何可多得？弟當以求才為急，其闟冗者，雖至親密友，不宜久留，恐賢者不願共事一方也。」

22. 論醫士：「良醫則活人者十之七，害人者十之三；庸醫則害人者十之七，活人者十之三。」又論服藥之害云：「迨至補藥喫出毛病，則服涼藥攻伐之；陽藥吃出毛病，則服陰藥清潤之，輾轉差誤，非大病大弱不止。」又云：「藥雖有利，害亦隨之」。

23. 怡求詩曰：「善莫大於恕，德莫凶於妒」。「知足天地寬，貪得宇宙隘」。處富貴而仍守忠恕之道，寒素之風，易曰：「勞謙君子有終吉」。曾公誠無愧焉。

24. 曾公曰：「趨事赴公，則當強矯，爭名逐利，則當

謙退」。

25.「儉以養廉，直而能忍」，以後望弟於儉字加一番
工夫，用一番苦心，不特家常用度宜儉，即修造平
費，周濟人情，亦有一儉字意思。總之愛惜物力，
不失寒士之家風而已。

26.天地間惟謙謹是載論之道，驕則滿，滿則傾矣。凡
動口動筆，厭人之俗，嫌人之鄙，議人之短，發人
之覆，皆驕也。

27.「勤苦為體，謙遜為用，以藥驕佚之積習」。

28.學字之法：大約提筆宜高，能握至管頂者為上，握
至管頂之下寸許者次之，握至毫以上寸許者，亦尚
可習。若握近毫根，則難寫好字，亦不久必退，且
斷不能寫好字，吾已皆歷歷可驗。又須用油紙摹
帖，較之臨帖勝十倍。

8 月 21 日

　　赴長官部合作社購白襯衣壹套，價肆拾元，縫襪底
貳雙，以備冬用。讀朱光潛教授談休息，茲摘其要：

1. 最刻苦耐勞的是我們中國人，體格最羸弱而工作最
不講求效率的也是我們中國人。

2. 自然界事物都有一個節奏，脈膊一起一伏，呼吸一
進一出，以至日夜的更替，寒暑的來往，都有一個
勞動和休息的道理在內。

3. 人的力量，無論是屬於心的或屬於身的，利用過了
限度時，必定是由疲勞而衰竭，由衰竭而毀滅。中
國人的生活，常像滿引了的弓弦，祇圖張的速效，

不顧弛的蓄力，所以常在身心俱憊的狀態中。

3. 中國人走路的秘訣，「不怕慢，只怕站」，實在是片面的真理。永遠站著固然不行，永遠不站也不一定能走得遠。不站就須得慢，有時延誤時機，而偶而站站卻不至於慢，站後再走是加速度的唯一辦法。

4. 中國人做事通病就是怕站而不怕慢，慢斯理地不死不活地望前挨，說不做而做著並沒有歇，說做卻並沒有做出什麼名色來。

5. 休息不僅為工作蓄力，而且有時工作必須在休息中醞釀成熟。

6. 大抵治學和治事，第一件要事是清明在躬，從容而靈活，常做得自家的主宰，提得起也放得下，急迫躁進最易誤事。

7. 做事必須精神飽滿，工作成為樂事，一有倦怠或煩躁的意思，最好就把它擱下休息一會兒，讓精神恢復後再來。

8. 人須有生趣纔能有生機，生趣是在生活中所領略得的快樂，生機是生活發揚所需要的力量。

9. 我們需要一天休息來恢復疲勞的精神，領略成功的快慰。

10. 陶淵明「勤靡餘勞，心有常閒」，動中有靜，常保存自我主宰，這是修養的極境。現代人的毛病是「勤有餘勞，心無偶閒」，這毛病不僅使人生活索然寡味，身心俱憊，於事勞而無功，而且使人心地駁雜，缺乏冲和弘毅的氣象。

8 月 22 日

　　上午九時，參加區分部小組長聯席會議，于本部會議室舉行。到特黨部書記長柳克述氏訓話，對於小組會議之重要性，闡述綦詳，並勉對黨要熱誠致力，並說明黨員共同研究主義，對於本屆小組長之努力，備為讚許，約一時許始畢。繼即茶會，並討論一切，迄十二時散會。購布鞋貳雙，僅十四元，係部購價買者，贈鴻藻壹雙。

二十八個同盟國家

北美：多明尼加、海地、古巴、坎拿大、美利堅共國國
　　　 —— 五國

中美：哥斯達尼加、瓜地馬拉、洪都拉斯、尼加拉瓜、
　　　 巴拿馬、薩爾瓦多、墨西哥 —— 七國

歐洲：英國、蘇聯、比利時、捷克、希臘、荷蘭、盧森
　　　 堡、挪威、波蘭、南斯拉夫 —— 十國

澳洲：澳洲、紐西蘭 —— 二國

菲洲：南菲聯邦 —— 一國

亞洲：中國、印度、菲列賓 —— 三國

8 月 23 日

　　下午五時，本部各科中校主任科員以下，大會餐於二科辦公室，並致代余餞行之意，盛況空前，誠本部之創舉。余內心無限盛想，實無以自解也，吾將何以戮力前途，以得諸君之盛意乎。為向樸事，與譚秘書衍慶談，俟今後有機，想當有成功可能也。

8月24日

際輝突變開始，已決心離此赴渝求學或蓉謀事，但操之過急，實有出人意表者。輝兄之前途遠大，學能俱優，為前途計，似不宜久居此地。然遲早間因當有餘地可盡也，微有不如意，則拂然，余實誠苦於慰矣。余平生衷心與人相處，終以「謹慎」為主，而尤不願表面殷勤，故每不獲人諒解者甚多，中夜思維，自己實愧悚之甚。晤紀綱，知直達車困難，尚有待於淇堯之相助也。個人學養俱不足應世，終日誠惴惴不安也。

8月25日

本科形勢突變甚劇。何科員伯言亦擬在下月初赴鄂省府人事處供職，大約任視察之職云。今日三科張科長等聞已為之餞別矣。另據有力之觀察，三科余科員儀九有改任本科科員之希望，蓋彼為科座之老幹部，且係學員隊之高足也。

恭錄曾公滌生嘉言

論交友：凡事皆貴專，求師不專，則受益也不入；求友不專，則博愛而不親。心有所專宗，而博觀他塗以擴其識，亦無不可。無所專宗，而見異思遷，此眩彼奪，則大不可。

論寫信：六弟與我信，字太草率，此關乎一生福分，故不能不告汝也。

曾氏家規：「書蔬豬魚，考早掃寶，常設常行，八者都好。地命醫理，僧巫祈禱，留客久住，六者俱惱。」

不輕受人惠：自庚子到京以來，於今八年，不肯輕

受人惠，情願人占我的便益，斷不肯我占人的便益。

8 月 26 日

楊同學育興，已獲何科員伯言之介紹主任秘書張肇融（兼任特黨部秘書），經簽准以上尉助幹調特黨部服務。當即通知俟令到後，即來黔供職，惜余離部在即，恐不獲暢敘為憾。余自來六政後，未及二載，能得各官長之信任，先後介紹王國萱、謝恩俊、楊育興等至部供職，並竭力協助同學，私心尚覺可慰也。

8 月 27 日

孔子誕辰紀念，舉行紀念會，柳主任報告紀念孔子之偉大意義：（1）學術思想之正統；（2）集文學之大成；（3）立志為學。晚，本科同仁餞別歡宴何科員伯言及余，甚盛。

8 月 28 日

日昨蒙本科同仁歡餞，科長親為作菜，尤感。壽昌為余即將遠離，今後少一老鄉之親熱，頗有所感觸者然，余亦以環境甚佳，相處之親愛，不勝依戀也。但為事業前途計，為家人之囑望計，毅然欲去此也。心思繚亂，夜夢迷迷！百思雲集矣。

8 月 29 日

接鶴亭兄快函，囑務於八月底起行，在九月初儘量提早動身也。

8月30日

與粟概同學赴城，得中國運輸公司之好消息，知九月二日有票車逕抵渝市，乃首先登記，當即付票價貳百六十四元，預計一日即須抵黔候車，二日晨可動身矣，並託劉雲報同學關照車輛。下午，因在部同學鳳樓、士龍、向樸、恩俊、儀九諸兄請餞，又匆匆趕回部中，抵部已七時左右矣。八時歡聚，同學十二人暢飲快賞餃子，十時左右返部。

8月31日

關於業務上的一切移交手續，概與楊科員興華辦妥十八軍部份，商請劉科員辦簽，並請申科員隨時協助楊科員之。關於外調手續，亦經分別向四科結算（結餘一百五十元）、五科清算（旅費四百元）。此次多承吾同仁見愛，相助頗多，臨行匆促，且苦衷未便明告，抱憾之處深矣。晚，赴長官部觀政工大隊演出之「野玫瑰」，劇情及演技均佳，為該隊年來最佳之成績也。

第六戰區長官部同仁臨別贈言

静以修身儉以
養廉勤則有功
儉則有功
貽蓀兄留念
弟劉典

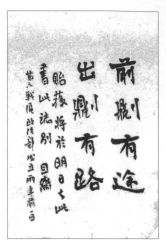

前瞻有途
出則有路
貽蓀將於明日之此
書此誌別日齋

前瞻有途
出則有路

天下紛紛，吾嘗遍問其故，武器良窳不云乎，戰敗
利鈍，紙耐心力人大處觀，則戰爭
靜以待之而已
貽蓀同志
康仲民書贈

分道揚鑣，
後會有期。
貽蓀志弟遠行
何伯言
年八月二九日

分道揚鑣，
後會有期。

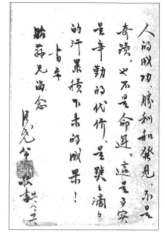

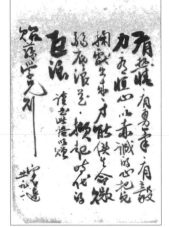

頭可斷，骨可碎，而志不
可奪，這就是頂天立地。

貽蓀學長留念

學弟 林鴻藻 書於四川黔江軍次
民三十一年八月三十日

君子有高立獨立之
志，而小栗人以易關，
盾巍萬衆郡三軍之
氣，而木嘗憚于一荷。

錄前人語送

貽蓀兄遠行

9月1日

今日本部成立二週年紀念日，原擬在部參加盛大之慶祝，並熱烈之會餐，但因急於進城趕車，勢非即日赴黔城也。科長延至十一時未到部，乃隨壽昌赴公館辭別，並一路返部，垂詢頗詳，勉於前途無限發展，致力工業並有專技為最要，但總以設法深造為最良也，否則才學不稱職，因受限制也。

下午，二時許離別六政，就道赴黔，原擬一謁主任等辭別，但因佳日清擾，深覺不便，乃罷論之。臨別時壽昌、典之、鴻藻、伯言、燦如、玉崑、文章、粟概、際輝諸兄遠送二公里許，殊感激！！

晚宿黔城政部招待所，應李連長憲請晚飯，車票則已由劉同學雲報代領矣。

9月2日

車站規定六時開車，故終夜不能成寐，思前想後。天未明，于四時許即起床矣，進麵後即抵車站候車，時僅五時左右也。黔城在靜寂的晨色中，橫貫城垣的公路上，一個人也看不到影兒，我和傳役在徘徊，腦海中一陣陣捲起回憶，苦與樂，過去和將來，幸福與快樂，光明與黑暗，相處數年的向樸、士龍、壽昌……一切……。汽車是因為汽油的困難、酒精的昂貴，已改裝木炭車了，它的發燃力太小，不能生火，車子的發動是真太困難了。延至九時許，靠著救濟車拉燃，才告別相聚一年多的黔城，經古老的形成中蛻變著的黔江！！下午二時，車抵郁山鎮休息。同行四團同學 34D 孫有

光，相談頗洽，乃作伴侶也。

9月3日

與孫同學有光相談戰一、四團情形。晨起，木炭車
發火不燃，延至十時許始開車，司機與機工不睦，二人
時爭吵，同行駕駛一車不能同舟共濟，真令人氣惱也。
睹此車之情形，車因電瓶已失效用，故發火不易，而
駕駛則無一人領袖，故時為爭吵，令人對中國運輸公
司之辦理，似覺欠善也。在各方面管理與運用，該公
司似宜加強健全其人事與督責也。晚宿長官部招待所
（彭水）。

9月4日

彭水開車，抵火石埡車即拋錨，旋修理後繼行，即
宿江口站休息。此地生活已較高，日宿每人 8 元，二人
進餐費洋貳拾元矣。

9月5日

照例車在清晨六時即應開出，但駕駛人員殊懶，延
至八時許才起床試車，可嘆，車又發火不易，九時許始
開車。經盤旋大山抵白馬高山中，車忽拋描，雖經雇
民伕助拉，亦無效。無奈，即宿山間民宅，幸未遇匪
為幸耳。

9月6日

今日，雇民伕助燃，即發燃。八時許開車，十二時

抵白馬，休息後續行，下午三時許即抵南川城。今日車行順利，為最佳之日也。宿大同旅社，臭蟲為患，苦不得熟睡也。

9月7日

車在南川拋錨，竟不得開行矣，原期即日抵綦者，已成泡影也。按照公里與車速計算，在九月五日早抵綦江，而竟一再延遲，殊為可憾。

9月8日

改乘黔江開出之第二班票車抵綦江，即宿白雲賓樓。此車駕駛人和睦，車行亦佳。同車有二補處三團張團長才英，乃鄉幹大隊長也。晤熊同學，知二補處長即教育長周慶強氏也，並知老三隊唐同學詩已任該處少校秘書之職矣。三時許赴南外三皇廟代水泥廠訪鶴亭先生，知已赴渝公幹。旋渡河訪王太太徐志英先生，相待至佳，並擬明日即搬入水泥廠暫住。晚遇唐詩，彼攜太太而行，差些見不認識矣。

9月9日

晨送孫陽光車赴渝，天雨，延至十一時許始抵代水泥廠。渡河，在志英家中飯，略敘別後情形，並詢鶴亭先生及代水泥廠近況。下午訪唐同學，即在彼處晚餐，並往上鼎街晤■隊長啟超，現任二補二團長，知即五大隊長憲章老鄉也。與水泥廠辦事處孫、江、荀三先生略談廠中情形，尚佳。現正靜待鶴亭先生來信決定工作，

在余則未知各方情形，亦不知何從也。能入水泥廠工作，或較希望之近也。

9 月 10 日

整理行李，被油汙衣服頗多，軍毯送洗染店之。訪通信連諸長官及同學，把晤頗歡，即進餐。先後同學頗多，應付頗疲乏，鼻竟流血矣。旋渡河，與志英先生略談後即返就睡。工作未定，心殊不安。悉前縣中同學朱炳生亦在廠中工作也。迄本日旅費及桐哥匯款已用完，尚存薪餘 150 元矣。

9 月 11 日

購墨水壹瓶後，即渡河至鶴亭先生家休息，整理日記及分別致家信及鶴亭先生信各乙件，與志英先生略談瑣事。旋渡河至二補唐秘書詩家休息，先後會二補政部陳主任、葉副主任。據唐云該部缺額尚待補充，曾請介紹同志，乃詢余是否願往擔任是項工作，余以六政環境之佳，尚擬脫離，故婉卻之。工作未定，心緒頗不寧，精神欠佳，時流鼻血，此恐旅途後未休息之故也。

此次脫離政工及良好之六戰區工作環境，前來此間，實屬生命史上為前途事業轉向之關鍵，今後是否全部脫離行政工作之範圍，抑或踏進工業界（技術）之境界，現已屆決定性之階段。在本人原擬謁鶴亭先生一詢代水泥廠情形，及前途發展如何而抉擇之，但適鶴亭先生因公赴渝，未獲一面，殊為憾事。究竟適任何職，在學歷上是否受有限制，余皆因此間情形隔膜，私心亦無

所主，精神上至為痛苦，且機關服務亦每為起初「定價」太低，致以後擢升不易。吾人今雖不急急於名利，然遠落人後，俱喪志氣，亦非其宜也。現正靜待鶴亭先生為余判決命運也。

9月12日

自八日下午抵綦，忽已五日，工作尚未有定，時為念中。近日因旅途後精神欠佳，故在鶴亭先生家看書寫字，以為消遣。談及代水泥廠情形，知鶴亭先生為負全責者，但為敬長起見，故正廠長一度仍讓由蔡亮工先生擔任也。廠方工作人員，則大部為中學生及有經驗之工作人員，據徐先生云，大學生僅數人而已，蔡廠長因大學生不好指揮，故不喜任用也。廠方邑人有朱炳生（恐縣中余之同學也）、張福成及孫經章等數人，果能入廠工作，似稍熱鬧也。作家書一通，稟抵綦工作，鶴亭先生一通，告願為技術工作努力學習。訪二補同學略談二補處人事情形及環境。晚，鼻又流血，旋即返廠睡眠矣。

據徐先生告，鶴亭先生身體雖不強健，然工作之熱忱與苦幹負責，不為少息，不似人之敷衍工作也。在家時很早即上辦公，即例假亦至忙，每事必求速效，且更求完善也。余以此種精神，深足效法，今後隨鶴亭先生做事做人，當可有成也。頗自慰。

9月13日

鶴亭先生自渝尚無信來，工作未能決定，心中好似

滾油煎,著實難受。此處又屬客氣者,多所叨擾,心亦
殊為不安矣。此次事前在動身時,未能先函渝處,致來
綦後,稽延時日,未能即行工作,實屬失當也。有工
作時希望休息幾天,現在有機會休息了,心中到更為難
受。人生是應該勞動的,祗有勞動才是神聖,才有無窮
的愉快!!

　　自脫離學校後,已經混跡社會七年了,始終沒有找
到一個正當而穩定的工作和事業努力。回憶起來,沒有
半點兒成就,不禁就自己愧慄了起來,長此下去,你想
將成什麼呢?回首當年同學,大學的已將畢業了,做事
的也都很上進,我將怎樣自己解釋呢?

　　從投入戰幹團接受艱苦的訓練,時間上先後費了二
年,分發到了第六戰區政治部,工作環境和讀書環境都
還算很好,長官的器重和同仁的推愛,該是「天之驕
子」了。然而,青年是不能自滿的,向上的慾望,在不
斷的衝動,有力的勸誘也著著的緊迫,這樣,我是決心
在工作轉向了,很得意地跑到綦江——似乎展開了新的
生命。

　　生命的過程中,是有著驚濤怒浪,在艱危的狂洋中
航行,才能在達到彼岸時有奇蹟的發現。平凡的生命中
沒有值得記憶的挫折與危困,那嗎,人生似乎是太渺小
了,生的意義又在那裡?奮起吧!咬緊你鐵的牙關,發
揮苦的惡鬥,總有一天是你勝利的時侯!

9 月 14 日

　　晨起,中運公司綦江保養場訪黃紋同學之令兄黃煜

先生，並巧遇三團同學馮志成兄（前二軍政工同志，與
際輝、吉人相識者），相談頗洽，留晨飯，並加菜相款
待，殊感盛意也。返鶴亭先生家中，即以東翻西閱消磨
一日。與徐先生談家庭瑣事，對於英華表姊事，因彼已
由偉姊處知其詳，故亦提出討論之。

9月15日

讀偉姊致志英先生之函，悉在昆情形及一部份家中
情形。工作未定，心殊不安，賴於外出，故終日在鶴亭
先生家或代水廠辦公處，勉與理活潑可愛！理已可牙牙
學語，盡為可愛！遙想鎮平和鎮南同屬可愛！故心地解
去煩悶不少也。來綦已一週矣，工作問題，前途問題，
始終在腦海中侵擾，困我至甚也。作偉青姊信，備述
脫離六政情形，內心之矛盾，亦容告之，該此足以舒
暢也。

9月16日

近來綦城霍亂流行，患者甚眾，余亦在綦江工程局
打防疫針一次。晨，檢閱鶴亭先生發明水泥時之各種記
錄，備悉研究之辛苦，誠非易事也。在工廠設備方面，
能盡量利用國產機機及水力，可免去外來機械困難之阻
礙，尤為抗戰時期中之優點，俾足以發展無阻也。迄今
兼旬，未見消息，諒或返綦致誤，耐心候之而已。遇修
安，約明日至靈台遊。

9 月 17 日

清晨，醒後閱讀梁任公近代學術史之「顏李之學」部份一冊，內容詳述顏習齋與李恕谷對於治學方法之卓見，竭力提倡實踐與實用之學問，勉學者從「習」字上用功夫，亦即從「行中求知」，其「不行不能知」之見解，與總理知難行易說所見正相符合。極力反對宋儒理性之說，以主靜為治學之工夫，又深痛絕。查此冊係四存中學翻印而供師生參閱者，吾人睹其切實而中時弊，此說誠宜廣為提倡，庶幾吾總理「知難行易」學說能早日推行於全國，而拯救我學者孱弱于深淵也。讀張其昀編本國地理中冊，正值四川盆地物產、氣候、都市各章，忽發現盡為裝訂所脫漏者計十七頁之多，目下坊間或書局版本之差，實已遠跡戰前十百倍矣。今日在二補通無電台用餐，台長劉振邦同學即三年前朝夕共處者，惟體弱為慮。叩詢昔年同學，已皆分別服務社會，卓著成績矣，良深慰快。聞彼等在綦，時有竹林之戲者，既耗精神，又損金錢與時間，婉勸力戒之，後方冶遊不禁，誠非抗戰中應有之現象也。鶴亭先生尚無信來，殊不知何故也。

9 月 18 日

晚，接鶴亭先生致志英先生函，知已接此間快函矣，心急於知曉究竟赴何處工作，故代送家中之。知已為我事致函綦江水道工程局林局長介紹赴該局工作，曾謂擬須學習工程技術，則應從基本工程訓練著手，則開始時應為吃苦耐勞，函中以我是否能吃苦為念也，並謂

應從監工員或助理員做起云。余聞之下，心已稍定，但
監工員與助理員之生活，是否將來能進一步學習工程技
術，抑基本之程度，有所不逮，故心中仍上下不安之極
也。因今日之地位與待遇，固可不計，然來日之前途，
不可不慎重決策也。否則，蹈過去之覆轍，自二十五年
服務以來，時已七年，不可謂不久，然一技未成，僅敷
衍於事務耳，則時光不再，忽已年將三十而立之時，勢
非再遷延坐誤所可也。且今日服務政工環境非不佳，將
來轉入行政界，或準備高考亦屬可行，且已費三年之時
間努力，有廣大之同學互助，一旦放棄，設不能埋頭於
較佳之前途，將何以自慰，更何以告師友之期望乎。為
此內心苦於思慮至再，然勢已至此，吾固已非決心習工
程技術不可也。

9 月 19 日

接鶴亭先生致我快函，茲抄錄以後，以作日後之紀
念也。

貽蓀我弟惠鑒：

昨接志英來信，知我弟已抵綦江，適兄因事離綦，
未能招紼，至歉。我弟志在工程管理，甚堪嘉慰，惟目
前須從基本工程訓練著手，吃得大苦，始有成就，切不
可心急躐等，故兄欲弟先在綦江工程局受工程訓練，而
不願弟至代水泥廠也。同鄉吳中偉君在三皇廟水電廠任
工程師，兄曾托其照顧，請就近請教並請其介紹見林局
長為要，附信請面呈林局長。

綜此次來綦，鶴亭先生關心之切，可謂備至，抵綦

後又蒙志英先生款待以客，更倍感激。故無論如何，我已決心接受彼熱誠招紳，盡我之努力，從事於此次工作上奮鬥，設將來學有所成，或得機會略為深造，則決戮力追隨鶴亭先生從事水利之事業，以盡吾對人類國家可能之貢獻也。附抄致林局長函：

平一師尊鑒：

　　前日返綦倉卒，未及拜候，至為惶愧。謹肅者，舍弟貽蓀已自黔江趕到，茲特囑趨前拜見，聽候分派工作。舍弟極能吃苦耐勞，志切獲得工程技術之基本訓練，擬請分發至第三工務所，隨蔣一中兄或梁興實兄學習，尚祈賜予成全，不勝感激。生月底可回綦一行，屆時當趨前面陳一切。肅此，即請公綏。

　　上午，謁同鄉吳工程師中偉，決定俟林局長到綦後再見。下午，寫壽昌兄信壹件，詳述抵綦後之一切，心稍安矣。

9 月 20 日

　　決定明晨乘民船前赴廣興場油腳坊綦江水道工程局拜謁林局長，俾決定工作問題而得安心於一切也。下午，天時悶熱，稍勞則大流鼻血矣，真是傷腦筋至極。上午，寫了鶴亭、念師、文燾、月姊、子貞、賢文等大批信件，也是流鼻血之原因也。身體日弱，近復咳嗽，心緒紛繁，值此工作情況不明之時，更深傷神多矣。略事準備，明晨一早即可抵廣興場舊地也。

9月21日

晨，乘民船赴廣興場油腳坊綦江水道工程局，九時即抵該處第四工務所工地上船，持吳中偉先生函訪沈一飛、陳金林二先生後，即呈閱履歷片及鶴亭致局長函進謁。林局長中等身材，服中式長衫，和藹可親，嘗蒙垂詢在六政情形及經歷及待遇等項。關於工作問題，曾詢是否學習工程技術或事務方面，此乃因事務方面擔任工作，則目前之地位與待遇皆較高也，如欲學習工程管理，則尚須從基本監工方面著手，則一切較苦，而須從頭開始也。余意在程度上可能範圍內決意學習技術，況鶴亭亦主張之，故逕答願在工程上從事工作也。局座乃電詢三所蔣工程師後，決定派余赴三所為工場助理員之職。午即在局進餐，旋午睡。下午天忽放晴，余乃得局座致陸主任丹幼與一平工程師信返綦，時尚早，抵綦尚未黑也。

9月22日

晨，赴志英姊處吃麵，稍過量，微覺脹悶。原擬即赴三所報到，旋因分寄鶴亭、偉青等信，及赴馮志成同學處取汽油，及返代水泥廠，王炳生又不在家，故未成行。午又赴志英家午飯，乃於下午赴剪刀口三所報到，進謁陸主任工程師（宜興人），頗和氣而表歡迎，旋先識辦人事之任先生（亦宜興人），即填履歷表四份、印鑑四份、直屬親系調查表四份，而余不知直屬親系調查表即米津之根據也，而任亦而告余，均僅填父母各一而已。與任略談，稍知此間情形及介紹諸同仁相識也。旋

遵蔣工程師囑赴工場實習參觀，在犀水車旁與炮工處
監工發現水車之宜改良也，似有可能。在所晚飯，菜
似佳，較六政則倍佳也。精神至疲，即宿本所客鋪休
息焉。

9 月 23 日

　　晨起，即覺腹中奇痛，赴便所知為患瀉矣，殊苦余
也。上午，開始赴工場實習與觀察，蔣工程師代介紹朱
助理員德傳兄相識，朱為浙江金華人，性似爽直而好負
責，相見即頗親熱也。承告各方常識甚多，今後仰賴
共同研討者更多，故深願多所接近也。旋識熊助理員、
李工場主任、周工程師等多人。天苦微雨，余無笠帽，
因精神不佳，抵抗力弱，故不久即覺頭微暈矣。午後，
與董生赴城。晴初攝照，為履歷用者，計價叁拾元，柒
張。三時許上工場參觀，得常識少些。但肚瀉轉劇，且
頭微痛，原擬堅持至晚收工時返所休息者，竟不獲已，
在五時許即返所抱頭大睡，晚飯亦未進。身體不佳，內
心極為憂慮也。

9 月 24 日

　　中秋佳節，苦於患瀉，故各友好處皆未能前赴暢
敘，至以為憾！鶴亭家為免費事計，乃通知之，午飯即
在彼家進麥粉壹碗。赴綦局醫務所診治，吃瀉藥一包，
午後四時許，即加快瀉了四、五次之多，不復遲滯緩下
為苦矣。晚，所中敘餐，余以肚痛亦未參加，如此佳節
未獲暢飲，誠吃福之不幸矣。回憶在八政之同學，今日

少一「老王」相歡敘，或不免減色不少，而我或仍在六
政，則今日之熱鬧與暢快，又不知將何如也。晚，與工
頭閒談。

9 月 25 日

　　日昨與朱助理員暢談，知直屬親系調查表，即米津
之根據也，余僅填二人，勢亦吃虧矣。任先生事前不
告，誠不明矣，而余之不察，亦至粗心也。雖然待遇之
多少，無足稱道，但收入略豐，如能略助軼叔或諸友之
急用，乃我之原意與希望也。朱助理員工作辛苦而負
責，更爽直而快言，所中不平待遇處及工作不均處皆告
我，彼亦以米津僅二人，吃虧至巨也。而待遇正薪，彼
則三十元云，余則尚不知幾許，聽之而已，對朱先生則
以工作上精神愉快相互勉也。原擬告任先生後增填米津
二人，至此亦決心作罷論也。午前，中偉先生來所，知
王廠長已返綦，乃乘赴醫務所之便，先赴彼家一晤，
七、八年來久未見面，已不相識矣。久聞患肺病，未知
身體究如何，一見之下，知甚健康，至以為快。當即將
來此經過一一告知，對於今後工作問題，亦多叩詢，所
囑良多，摘記之。

一、今日能吃苦，從工程基本著手，則將來努力，前途
　　無限。如今日地位待遇較好，擔任總務工作，則將
　　來無任何希望矣。

二、學習工程管理，須從實地工程經驗中體驗，一切皆
　　須身經留心考察，然後方能有心得，逐步漸進各項
　　職務，更迭擔任學習。

三、工程技術，以數學為基本應用之要者，能有高中數學程度則可應付矣。但初中之代數亦足應付平常之用，幾何、三角亦為常用之最要者，皆宜切實溫習研究，以致應付之用。

四、物理、化學為工程上應有之常識，亦得瀏覽，英文以書法純熟即可，方松字亦宜學習甚好。

五、工場人員，以早起為唯一前提，否則影響不好矣。工程師之囑咐與指揮，應如軍隊中之服從命令，而負責任為尤要。

六、先就工場事務留心一般常識，再及工人、材料、工價、監工、指揮等處做學問，然後再學畫畫、測量、識圖。

七、行為要檢點，戒除不良嗜好，以免人耳目。進修以不妨公務為原則。

八、進修可向中偉先生補習，蔣工程師亦可詢教，自己更宜自摸。

九、身體要留心保養健康，並不要太辛苦了。

十、同仁相處要和睦親愛，暇時可到各處工程參觀，以資增進見聞。

十一、過數日來所時，當面囑蔣工程師善為招呼，適時調換工作，以資觀摩，但總不宜燥之過急也。

十二、現在身體不好，宜竭力注意，從速診治養好，今後更宜多予注意保護為要。

　　下午，返醫務所診治，四時許返所，取藥三包，囑明日午後再前赴診治也。宿舍未定，諸多不諸，辦公桌亦無，實覺不力便太多矣，梢侍之可耳。

9 月 26 日

赴晴霞照相館取登記照柒張，展視面容清瘦，臉已由圓變長，殊為驚愕，顯為憔悴之神情也。此乃因七月迄今，為脫離政工環境前來此間，頗為心神不安，事之困難，旅之艱苦，事前考慮，事後迷慮，身心之疲困，至甚之故也。今後定而能安，身心愉快，當可求大進步矣。日即瀉止，精神稍振，食量恢復後當可恢復強壯，頗自慰。作民鑠信一。

9 月 27 日

整日參加工場監工，對於工作分配及工人分配，稍得常識。工場無分晴雨，只要工人可上工，同仁即到場指揮，東站西喊，較之坐辦公桌，實辛苦較多矣。接子貞信，乃友人之第一函，知亦脫離湘粵桂敍銓處矣。來所後宿舍未定，生活不安，至苦。新機關隨處不便，耐之而已。

9 月 28 日

連日陰雨，閘身浸水甚深，工作困難，僅少許工人上工，故得稍事休息也。給偉青、桐哥信，述來所情形。祝三信，盼今後能於數學補習上多賜指教。同仁相處，尚可和洽，此間江浙人眾多，生活習慣甚適，至為引慰。

9 月 29 日

上游水位陡漲，對河滾水壩之新築擋水堤盡行沖

去，此間水閘下游擋水堤則發現漏洞壹個，水勢頗洶，
從堤身底腳石隙中湧出。據李工場主任云，此係築擋水
堤時清底未清，工人即填泥土所致。旋指導工人搶運泥
土，由朱助理員圍石，用稻草堆泥土搶修，待水位內外
相等，即可阻塞，費時二小時許。蔣工程師囑與侯澈、
王澤淵宿一室，即搬入云。侯為無錫西門人，為國醫侯
敬輿之子，年僅十九歲耳。截去二櫈板過長部份，引起
王華廷老先生嚕囌半天，平心而論之，未免欺人新來地
方，聽之而已。

9 月 30 日

鶴亭來晤，囑努力工作，待此閘完成，當即經驗豐
富，並謂已向陸主任、蔣工程師說明，多賜關照，一切
皆可放心。十月十日會中有木炭車赴大場灘旅行，囑與
中偉先生接洽，向會登記。偉青寄來國幣貳佰元，亦轉
給，囑即函知，就給偉青寫了一封信。白天與熊助理員
宗濂，知即入一總隊特之同學，且知余曾在通隊也，惟
彼早即返學矣。伙食辦理不平，引起同仁評議，余姑置
之，然王先生實太難為情矣。來所瞬已八日，一切馬虎
過去，十月當開始緊張生活也。

10月1日

從今天開始，我已算正式踏上從事工程的生活了。雖然我過去沒有工程的學問，工程上的經驗，更沒有工人的技術和體格，但我願意為此實際的工作效忠，有意義的事業耕耘。相信從這基本的地方——監工——開始實習，在不斷的發現和心得中，它可以培育我的基石，從基石上努力苦幹，向上展開宏大的建築，也許遲早有一天造成可用的房屋，竟或理想中的巨廈，但絕不是夢境，它必需要我流最大量的汗，絞著心血，從艱苦中去締造。

我開始學習著指導工人，留心工人的心理。他們大都是馴良的壯丁，識字的很少，可是身體都結實，恰是標準的健康狀態。貪小便宜是中國人習性，靠每天工資收入的工人，表現得很多，拾的土量減少，距離希望減短，不依規定取土，要求增加竹酬——金錢的代表——等，這在能力強的人指導下，或曾受訓的工人，相信都可彌補這個缺陷。工場上要求的是耐勞的體魄，和工人共生活，所以，決定鍛鍊一付工人的體格，做我第一個目標的要求。今天，開始接受日光的訓練，希望曬成一個健康美的工人型，黑的皮膚，已開始對我高興。

10月2日

從侯先生的告我，知道我的薪金已由局核定為捌拾元，比鶴亭兄告我的六十元還多二十元，怎出乎意料之外，大約見局座時印象還好的緣故吧。此間同事多數為四十元和六十元的，我真為著自己的能力不足勝任和

有負長官期望而惶恐呢，同時引起同仁待遇不平的反感
也很容易，特別使我覺得要惕勵奮勉。據告要呈繳離職
證件，我報告蔣先生暫用軍用差假證，再待到六政去要
正式的，或可通過吧。寫信給鴻藻，請代辦了，並催壽
昌要八二師的證件。下午六時，鶴亭兄電邀赴大常電廠
中偉先生處聚餐，到的貴賓是本所陸主任克銘、蔣工程
師一中、李工程師郁華、吳工程師中偉，和一位赤水工
程局周先生，另一位宗林兄工程師，我欣榮地被邀參
加，但自己很慚愧，對這種感激，祗有待工作中去努力
酬答，無負所寄。本會十月十日的旅行團是經鶴亭先生
代為登記了，到了那時，可向中偉先生接洽。久仰的代
水泥廠，當然可以拜訪了，說不定還可認識許多新的老
鄉，和先前的同學重逢。

10 月 3 日

上午十時左右，李永勝老板之工人，因搬取木板與
王測工吵架，致遭熊助理員打了兩個耳光。該工人亦剛
愎不遜，態度傲慢，乃又復拉入所中斥之，時該班工人
有一二好事者，即喧噪停工，二老板勸之無效，行動
實屬散漫。旋肇事工人回後，又復自哄，終於十一時左
右罷工而去。余對此工人囂張之行動，極為不滿，原擬
制止，然慮及工人無知與組織不可理喻，乃聽之而已。
但下午則由老板仍率領前來上工也。下午，須總工程師
愷、林局長一平蒞工場視察，旋即赴四所而去。整日在
工場除監督工人外無他事可做，甚為枯燥，正謀設法調
劑之。

10月4日

下午，訪鶴亭兄、志英姊，並晚餐之。摘要如下：

一、函詢祝三兄願否前赴蘭州中國化學試驗所工作站工作，因該處有化學家數人，可追隨研究也。附詢祝平弟現習何課？

二、志英姊無暇寫信，囑告偉青姊。

三、導淮半年刊五、六期合刊之船閘圖，由鶴亭兄講解之。囑向所借圖與工程進行參閱之，平時多詢同事及李工程師。

四、現行待遇已較高，此乃局方客氣，故對同仁更宜謙恭，特別要勤勞，多助人，各種工作皆宜留心學習討究。

五、離職正式手續仍宜辦妥，並向主任說明。

六、各種條石、材料、砌牆、拌水泥、火藥、尺碼等，皆宜熟悉。

七、工場下雨，則不妨穿草鞋，以資提倡亦可。

接壽昌信，知儀九兄調科，鴻藻、際輝即將離科矣。

10月5日

發祝三、際輝信各乙件，送曾氏全書貳冊至代廠鶴亭處，彼今日乘車隨須總工程師赴渝矣（須氏任全國水利會技監）。

終日雖在工場服務，然因不明全體工作進度，注意處亦不深念，故興趣甚感缺乏。近日蕭利培先生常至工場，彼經驗較富，或可日後多深助益也。略談水平儀使

用法，日後當學習之，自己英數根基太差，總不免心中
以不充應用為慮也。

10 月 6 日

　　擋水堤漏水，承李工程師囑，指揮工人築堤圍堵，
迄下午完成。起初時，工人抬黃砂堵築，余以不曉，亦
未阻止，致遭工人斥責，余亦深感不安也。借朱德傳之
大中大華船閘完成紀念冊參閱，略悉工程進行情形，
並得蔣先生說明，更得瞭解若干矣。在工場指揮，苦不
得明瞭全盤工作進展之順序，凡事皆處被動。回憶在六
政時之得心應手，誠自愧，遠不如過去之聰明機敏矣。
得桐哥來函，囑仔細體測社會之另一面，是尤有助於經
驗貢獻之增長，而今後任事，可以學習與試驗之態度對
付，亦不必作過份之焦慮。辦事處世之要實為二，忍耐
與負責是也，能不計勞苦，俱求我心之得安而已。內心
頗為感動，幸來此後，尚能本此精神邁進也。

10 月 7 日

　　與王司機惠明閒談，知彼在生活上近頗不暢，故對
於機務不能盡最力發揮也，沈司機亦不能相互合作，故
直接影響工場之抽水量，而娸及工作效率之進行。今日
兩抽水機皆生故障，下午已不能進行工作矣。大約王司
機之個性爽直，對於當局不能慷慨加薪與全盤信任（曾
令✗工程師測每小時用油量），故萌退意，擬設法向外
發展也。余以同鄉之誼，甚互助工作，而另一面之情
形，余亦不熟也。整日隨蕭利培先生迫隨周、鄭二先生

測量上游船閘之門及涵洞位置，略有所得。在太陽中無草帽禦烈日，面部日漸曬黑，汗流浹背，精神至晚已疲矣，不復再能自修。在工作能日增經驗，雖稍自慰，然不能從基本處複習，亦堪憂慮也。蕭先生為人爽直，經驗亦尚豐，以後似可多為請教也。

10月8日

抽水機發生毛病，停車整日，致整個船閘浸水，不能進行工作，余等亦為之休息。近日來天時悶熱，終日在工場監工，精神甚疲。心急於瞭解全局船閘工程之情形，及求指揮之如意，不獲如願，尤為增加煩惱不少。苦於思索，致夜夢連綿，且為遺精，日間精神更困。

10月9日

赴綦城定製中山服壹套，價洋 440 元，原擬另購布自製，但嫌布料稍差，未果。但此布料係朱德傳兄所代訂購，而一時謀做質料較佳者，故仍定製之。時後思索，實太愧對朋友，故仍擬設法湊合款項儲購之，是否可成，待明日決定也。整理各種牌子，尚見未清，今後當全局整理之。為制服事，心甚不安。

10月10日

國慶紀念日，照例會休假慶祝的，我的記憶中，過去也都是在熱烈的慶祝和愉快中渡過一日，但今日是迥乎不同於往昔了。工場的工人，根本沒有國慶的認識，更談不到紀念的道理，他們為了生活，是繼續的上工

做生活，以工人為轉移的我們，也就以工作來慶祝了國慶。回首當年工人救國運動之澎湃，工人智識似較提高，為革命之認識，似較普遍，則今日工人教育之提倡，實亦急需也。原定赴大場灘，旅行團展期，整日在工場上消耗了一天。得彭冷芳、儲文思、董君淮信各一，慰我良深。近日精神不快，做事亦覺不能得心應手之苦，較之六政相距太遠矣。

10 月 11 日

購布料乙套，價叁百元，此乃無法而重購者，但能儲積，總不會吃虧也。抄錄整理水道歷史，及赴滾水壩工程進行處見習。作燦如及桐哥信各乙件。墨水不好，寫至此心中殊不快矣。

10 月 12 日

日前奉蔣工程師面囑，清理各種記號牌子，但目前此項收發牌子，係朱助理員管理，同時應先徵求彼之同意後，方可整理。然數度詢彼之結果，均認不必清理，故余實無法處置。延至今日，蔣工程師又囑清理，並手條示我，先從泥土牌子於明日著手，至此，余實不得不毅然獨斷進行。查自來所後迄未正式分派工作由余擔任，日以見習人員自居，職權既無，工作自無重心，精神亦無所寄，良為痛苦，而奉辦事項之不能自主進行，更為辣手者。然自思過去做事皆為順手、迎刃而解者，豈經驗較豐後反不能處事與處人哉，此或為余尚不能誠於待人，謙於求教所致，今後當注意及之也。

10 月 13 日

整理泥土牌子，前有代表一蘿者三種，合併改為一種，運用當較方便矣，過去不作全盤之調整，隨時塗改應用，似欠慎重也。沙子牌擬改用木質，今日亦著手新製。此次決心將全體牌子同時清理，務求記號明顯，運籌充分，以免互相混淆，或不足運用之靈活，能否完成所願，當於最近期中測驗之。今日蔣工程師弄璋（生兒）之喜，丹右主任亦即將榮任水利會職，同仁月之十五日歡餞云。

10 月 14 日

呈驗離職證章（軍用差假證）發還，今後可無問題矣。今日下游護牆開始澆底工作，用一：三：六之混凝土，用時特別注意，將底腳石層上泥土洗淨。混合比例時，每斗水泥中，用一號代水泥摻以四分之一真水泥，以增強強度。沙為一夾蘿合三斗，石子為三平蘿合六斗（此種名為甲種混凝土），拌和時之技術與水量亦須注意。整下午將下游護牆壹段完竣。得月姊信，謂與楊君事，恐不成事實云。

10 月 15 日

全部各種牌子整理就緒，內心稍快。訂製新衣取貨，價洋肆百肆拾元，尚佳。晚，參加歡送陸主任克銘之盛宴。

10 月 16 日

上游閘門口外澆底，以高陵土四斗、生灰壹斗、消灰壹斗之比例，自拌一號代水泥，再以代水泥貳斗、沙二蘿、石子三蘿，拌混凝土使用之。但比例成分或有問題，致灰漿在初凝時期，並無預期之成果。十二時參加歡送陸公之攝照。下午，大約因昨日之吃酒之故，火氣上昇，臼齒腫痛異常，半夜不得入睡，精神至苦矣。

10 月 17 日

上午齒痛仍劇，下午稍好，吃「地瓜」等水果，或可消熱少許之力也。本所工作無定時，終日皆須在工場站立監工，精神實有不逮，且吃飯之時間亦不能規定，間隔過久，亦可謂不合理矣。余近日精神不佳，又倍覺此種生活之無定為足慮也。今晚，又告失竊，為來此後第二次。此風不可張，當局宜注意及之。

10 月 18 日

至通隊訪老同學及官長，理之宜也。抵志英姊處午飯，值視在己家耳。以汽油洗上衣，衣已破，如洗不掉，則贈作襯布之用也。

10 月 19 日

上午，由新主任蔣手條清理各項牌子，忙了半天，牙痛又復加劇。午後，抵醫務所診治，醫藥毫無，楊醫師亦輕視診者之病狀，取敷衍之態度，殊屬可鄙之至矣。復返侯澈兄家，中尊大人代開方壹帖服之，藥價

拾元。晚即服之，似絕稍好也。新縫下裝褲壹條，價
180 元。

10 月 20 日

近日因齒痛，原擬請假休息，但總不願出此也。但
精神上之影響至巨，痛亦不能即止為苦，生活迄今尚未
安定，終日耿耿不安。來此之不如意，誠出意料之外，
惟有「忍耐」過渡一切而已。

10 月 21 日

午後，齒痛稍愈，精神似佳。工人刁滑，殊可痛
恨，近因身體不適，故對事不免鬆懈。然同仁之相諒，
恐不誠精誠相見矣。

10 月 22 日

今日精神稍佳，下午上游涵洞澆底，余擔任指揮拌
灰。雖可稍曉工程情形，但總覺單調乏味也。

10 月 23 日

終日在工場指揮拌灰及砌條石填涵洞底，略知工程
進行中應注意事項。代水泥使用不能如預期之佳，宜有
改良也。身體不十分強壯，昨日起清晨吃雞蛋二枚以滋
養之。

10 月 24 日

第三屆國民參政會，總裁懇切致訓，對於物價，申

言政府決嚴厲處置，而對我軍事之勝利在握，盼國人對經濟上能爭取持久之勝利也。英美廢除不平等條約，國際地位已臻高穩，殊可引慰。近日船閘澆底進行順利，終日無暇自修及閱報矣。

10 月 25 日

與揚州人陶玉才先生閒談讀書問題，無限感喟。接際輝自中大來函，大有同感。失學者之苦俱同，今日能升學之青年，真天之驕子也。余苦不得上進也。

10 月 26 日

英國議會上下兩院所組之訪華團，即將蒞渝訪問。據云，綦江水利工程，業已列為主要參觀之部門，故會方已決定即以附近之已完成船閘花石子中華閘及正進行建築中之太常閘（剪刀口）指定為參觀地區。本所為準備起見，內外俱已略為整飾，並資為助談之料也。

10 月 27 日

交通部之郵政總局，近月以虧欠達八百萬，總虧已達一萬萬，為彌補計，乃竟以六百二十五倍之飛漲，每封平信暴漲附加費壹元，致引起參政會參政員諸公之紛紛質詢，立法院亦否決是案，呈請國防會飭從行考慮。該此種國營事業，如無限制、無依據之暴漲，刺激物價之上漲，為必然現象也。

10 月 28 日

接鴻藻兄自黔江發信，知已為舊病復發，獲准以外調留部服務名義返家休養，且得伍子羽同學隨行。同時接代寄郵件，「太平洋問題專輯」等數冊，至感。預算乘中運車即可抵黔，擬明晨赴綦站一詢之，能得一晤，又所望也。

在工場監工，知鄧海山老板有兄弟八人，現有五兄弟，則皆此間三所工作，協助「海山」致力於老板之支持，故該棚工人，成績甚佳。今日之打灰工作，艱苦工作，皆兄弟力任之，有此互助互濟精神，故成績較佳，錢亦較賺矣。現行中國社會，兄弟能共致力一事業，或自己人同事，則輔助之功至巨，誠為不可輕視之事實，此種教訓實吾人應記取之也。

近日空襲頻繁，幸未光臨，或因重慶要人雲集之故也。

作家書，詳述抵綦後情形，船閘進行順利，心緒稍慰快。

10 月 29 日

下午，原擬赴城理髮，並詢自黔開出班車已否到綦，俾知鴻藻兄是否在綦路過，但因事繁無人兼代，終未果，致精神殊不快。飯後未午睡，精神又困，及五時許，已困倦不適。晚飯後肚中脹滿，迄九時許，嘔吐後始愈，轉輾不能成寐，約又時許，始入睡。

10 月 30 日

上午精神欠振，下午赴城理髮，精神稍振矣。訪志成先生略談。

10 月 31 日

關於上游水泥應用比例，各工程師人各相殊，工人無所適從，余亦為苦，且極為不滿也。凡事專則易指揮，且不易錯誤，事權之貴一，至重要也。今日起始能規定妥善之比例，則事前之浪費真有已不少矣。

接桐哥函告，略謂兄弟無意皆入工業界，殊有意義，已商與祝三，謀來日集我彼二家兄弟之人力與物力，謀戰後復興從事工業之開展，並勉今日多事準備。余意頗善，今後將致力留心也。

偉青姊告已接家中函告東海琴姊事已獲解決，彼家已獲父親之同意另嫁。欣聞之下，私心慶慰，蓋余可無負於彼及祖母也。偉青有意將芸芳與祝三結縭，戰後能成事實，誠至佳也，並謂采妹已與祝平訂約，將來恃妹許我亦佳。但余以個人學資俱淺，彼家又城居，門庭與生活及希望能否相配，實屬疑問，但果能今後相見稱善，固亦未嘗不可也。

接文燾自西康富林來函，知前信皆復，一經劫退，一尚滯黔也。彼以文煜弟自皖屯溪來後方，接濟甚巨，故旅資未代籌，實礙於至苦也。而我本不必急需路費也，然疑人似不甚，今後當「誠」以相為信仰也。

11月1日

　　近日精神總覺不暢，消化器亦覺不靈，飯後即腹中愈嘔而不嘔者然。同仁中患此病者亦多，眾疑食油（菜油）之不良，或為攙雜桐油所致也。今日所中來客，工程師桌與辦事員桌皆參加會餐，獨余等一桌仍在飯廳開飯。而晚飯之時間，竟延至八時左右，殊令人氣悶萬分，不平屬甚矣。

11月2日

　　所中患肚痛與瀉者日益眾，食油或水之發生問題，已屬毫無疑問。余對本所以年老之王先生主辦庶務，取敷衍態度以應付現狀至為不滿，該彼之能力，已不足勝任此繁雜之事務工作矣，則管理不週，百弊當然滋生。與王炳林先生閒談「人事」問題，更悉本所詳情，至深感喟。

11月3日

　　與侯澈及陶正才討論青年問題，余對彼等力為勸慰與解說之，俾一純潔青年能超越現實之社會，不為汙染或因而刺激其情緒，致消極失望也。

　　在工場服務，終日貯立指揮工人，不能稍離片刻，殊以為繁。而同時並無適宜之工程經驗，俾資試驗或研究，而光陰視其由晨迄暮消逝而去，實至為可惜而痛心。余苦於現行之工場管理制度不良，認為浪費人力太多也。

11 月 4 日

　　為前途事業之抉擇難定，殊以為苦，在六戰政時，以脫離來此為望，該希望能步入工界而致力於專門技術之學習也。然抵此後，不能滿足理想之要求，而工作之單調乏味，不易多得長進。因仍與六政相似，然精神之愉快又差之。為事在「專一」，今余遇事則必不滿現狀，終不能耐煩做去，勢將一無所成也。瞻望前途，至以為慮，將痛下工夫自針矣。

11 月 5 日

　　今日悶雨整天，為余擔任上游船閘工程後之第一天得休息也。在寢室整理一切，並與侯澈討論事業問題，內心戰後經營工業之心，油然而生。此說自桐哥來函提及後，即逕快函請擬具計劃，分配人力，以備全力分頭進行準備工作。一面則自覺學養之淺，在社會服務，限於學資，依人作嫁，終非善計，且不得作自力更生之發展。設能集吾兄弟及陳氏兄弟之力量，更合姊妹之力，吾信同心一得，事業必可觀厥成也，但今日仍苦不得如何自學進修準備之門徑。鶴亭兄所發明之代水泥，似屬尚佳，惜代水泥製造廠不慎，時為配裝錯誤，或減少加燒程序，致效力大減，影響各方應用之信仰，殊憾。

11 月 6 日

　　日來竭力抑制慾望之幻想，俾生活趨向於安定，能從實際上用工夫努力。今晚，略事參閱初中算術，以藉複習，殊感興趣也。

11月7日

鶴亭兄自渝返綦，今日來三所一晤，知已奉水利委員會調本會服務矣，擬於十日左右，即赴該會，此間舊好頗多為餞別者。在工場略述工作情形，總以努力基本處學習為囑，切勿過事心急速就。午後至彼家一敘，知此次赴水利會後，即將調奉派赴西北工作，彼並告擬作三年計劃之準備，以作基本事業之基礎，眷屬亦準備同行也。在渝北培建國泥廠，亦應近來業務整頓就緒，頗有發展希望，故可不必在該處親為主持也。最後並囑將來同赴西北工作，今日正可邀集優秀工作同志，以作他日之共同努力也。

11月8日

近日內心稍見安定，亟急謀由定而靜，靜而後安，以求稍自進修複習舊日功課也。得祝平信，知入同濟大學附高機械科，至慰。視己之廢弛，至以為愧矣。

11月9日

寢室大事整理後，精神倍快。得縣中舊同學朱炳深自水泥廠來信，殊慰。知涇校同校張大炳在西南聯大求學，作書問候近況之。書壽昌討論今後事業問題。晚綦城大火，遭災者諒不少矣，殊憫。深夜始睡。

11月10日

終日讀書之機會太少，僅有之晚間，亦以閱報及休息之分佔，不得集中力量於閱書為苦。最近擬於年內先

行學習仿宋字，以便應用書法之較善，再為複習數學
及英文。但總以時間少及遺忘太多，且以甚淺書本閱
讀，總以為人所笑而有不願為人睹之感也，故閱研機
會更少矣。

11 月 11 日

參加蔣主任一中之第二公子滿月宴，計到本會及局
所諸同仁，高朋滿座，勝友雲集，計圓桌六席，約七十
餘人矣。余僅送禮貳拾元，似覺太少也。諸友及太太們
無以消遣，終日乃馬雀之戰大興之。迄晚，竟以燈火集
中管制為苦矣。國人此種積習尚未盡去，似欠戰時生活
精神矣。

11 月 12 日

接代廠同鄉陸家橋人張福順兄來信，彼現任代廠實
驗室助理員。據志英姊告，彼自戰後在導淮逐年上升，
今年始從四所調代廠也，僅為高小畢業，以能苦幹上
進，故鶴亭甚提挈也。借十一月份薪津國幣叁佰元，購
棉絮一條。棉花以來源缺乏，市價至昂，每斤價貴至
五十二元整，共費去 253 元。原擬購包單者，以價款無
著作罷論矣。盟軍在北非大捷，英國第八軍已擊潰德
隆美爾所部矣，美亦在西非登陸，並俘法國總司令達
爾朗，南太平洋在新幾內亞亦捷。盟國形勢，是將隨
一九四二年之結束而展開新的姿態矣，吾人正欣慰期
望也。

11 月 13 日

上游工程進行尚順利，現正值輸水道重要工程之逐步砌建，為堅固計，皆用真水泥於重要部份之，其次為 1/2 與 1/4 段用之。近日練習仿宋字，微覺進步之感，並謀在年內能成樣子，俾明年正式展開學習之工作。接正權兄信，知六政情形，頗慰，並寄來總政治部委令壹件，殊為感激，彼擬即去辰谿獨卅二旅政治部任團指矣。

11 月 14 日

第十屆中全會於十二日總理誕辰紀念日開幕，中委雲集陪都，對於今後當局之決策，當有所厘定也。適英國議員訪華團抵渝，盛況更屬空前矣。北非大捷，隆美爾已全部崩潰，美軍在西非登陸，則法軍亦即傾向盟國而簽訂停戰協定矣。在此盟國優勢脅迫下之希望，恐懼歐陸之被擊，乃竟侵佔貝當統治下之法自由區，迄今則貝當已不知去向，維琪之慘，可謂極矣。今之欲求生存於人類者，舍競爭戰鬥外，尚有他途乎，回溯五年來之苦鬥，不失我自力更生之立場，保我國權之完整，得免於法國之慘者。正望我全國同胞，有以警惕而更勵志也。

11 月 15 日

上游區同事鄭東先助理工程師，以新自中大畢業，做事極心忠實，致以為佩。惜對處人與做事效率，毫不加適度之考慮，影響其他工作同志職務之遂行，似欠經

驗。余自來此工作，終不獲要領，隨處被動，未有可得
心應手做事者，精神上之痛苦，誠使余難受矣，幸尚有
同事王君炳林，可作稍以互慰耳。

11 月 16 日

接賢文信，知與交通銀行發生短兌事，已得善後解
決，並謀另就。門齒根被牙刷撞碎致痛，精神欠暢快。
閱代數，已生疏之極矣。

11 月 17 日

嘴碎處經侯先生家取藥敷之，明晨當可全愈也。下
午，請炳林兄代理業務，在寢室休息小半日，有人訪王
✗，但不知究為何人也。

11 月 18 日

繼北菲大捷之後，美英軍在西菲順利登陸，地中海
瞬已為盟國把握，太平洋亦待捷音，所島美海軍又大捷
矣。環顧世界大局，盟國口趨有利，彼暴寇之潰滅，諒
可早年結束矣，前途殊樂觀也。但個人五、六年之耕
耘，毫無建樹，尚居徬徨途中，至苦矣。

11 月 19 日

得王炳林君處李海觀先生所編測量學一冊，為中文
本，甚宜初學之進修。擬即加上自修代數、幾何、三角
後，以此書學習之。

11 月 20 日

得月芳姊自貴陽中央醫院來信，謂茲定於月之廿九日在貴結婚，希屆時能蒞貴參加盛舉。余實極願赴貴一行，藉此與桐哥敘晤，是則明年擬赴西北工作，亦得決定矣。然初到此間，一礙於請假困難，一阻於經濟困難，三阻於交通不便，故是否能赴貴一行，尚待再三考慮也。天雨，亦謂又休息以自修一日，然事非所望，反在雨中工作了一天，工作正苦矣。得鶴亭信，勉暫待明年後求機自修，現當注意工場管理也。

11 月 21 日

近日複習代數學，稍感興趣，擬在年內將上冊簡單部份複習完畢。鶴亭囑參閱工程書籍，須有英文基礎，故如將來決心習之，勢非英文不可，擬今後同時複習英文。

11 月 22 日

赴貴陽之行，迫於工程緊張之際，勢難請假，已作罷論。不好之機會錯過，殊為引憾。近甚念家中，乃作家書一槀，述告月芳婚事，及英華姊另嫁之我意，即發之。

11 月 23 日

向蔣主任面借十二月份薪津四百元，作月姊禮金者貳佰元，■書請自選購日用物品壹件，以資紀念之意，並盼將佳日盛況及新影寄贈。餘款擬購被單壹條，縫製

新被絮之。

11 月 24 日

上午，請假半天，赴城郵匯月姐禮金貳佰元，藉作購紀念之物品。寄中周捌元，加訂國風乙年。鞋破復補貳雙，價洋念元，購包單布壹丈五尺，每尺 15 元，門面時價計 210 元。復至鶴亭家一遊，請代洗被面壹條，破褲壹條，請作襯布用之。來綦後即清擾彼家，余不慣客氣，直以己家視之，幸志英姊尚寬厚，諒不見責也。在彼家午飯後即返所，今日預擬各事，俱已辦妥，至慰。鶴亭則現尚擬西北擔任指導工作，故眷屬擬待明春天暖後再西北行也。彼前以赴西北在爾，故以一部份書贈余閱讀之，今帶回所數冊。

11 月 25 日

近日，每曉複習「代數學參考書」十頁，以資自修，興趣尚佳。本所蔣主任一中，對事頗認真，尤喜小處注意，而大處則不免忽略，外加本所人事之複雜，故上下不免相隔較遠，而發不滿現狀之情緒。平心而論，在上不免失之苛細，而在下不免意氣用事。余以初到此間，皆屬客氣，故對此純採不參加之態度。

11 月 26 日

接月芳與徐敏生之結婚喜帖，欣愉萬分，此次不獲赴貴，恭參盛禮，殊為引憾。得昆明西南聯大張大炳同學來信，詳知別後之情，至慰，並告女同學張肯理與宋

蕙琴在昆，子穀等則不詳。高班則有顧卓民與大炳同攻讀化學，明年可畢業。胡玉和則畢業法華，不日可抵昆。宋鍾仁則服務昆明中央機器廠。又炳兄同鄉學友有峭岐夙棵莊人朱君，係攻讀聯大土木系水利組，擬前來工作，明年畢業，擬向鶴亭兄做詢同意介紹之。得楊育興信，知六戰政柳主任克述已調長官部秘書長，今後政部人事，當大有異動矣，正待壽昌詳告。頻接各方佳音，至快慰亦至忱慄，又以今後出路不能決定為念。該明年此間船閘完成後，能赴西南利滇工作，似較佳矣，否則勢必離此赴西北工作矣。今日正可作未雨稠繆之計，故我心為困矣。

11 月 27 日　流亡後之五週年紀念日

午前，因天氣驟變暴風雨，故停工半天。自晨起後即整理舊被之換新工作，此次來綦後得逐月添置衣物，殊可稍慰，以前七補八湊之包單，則仍分拆後自料布矣。老同學朱炳深自大場灘水泥廠來訪，共赴揚子江飯店小酌，馮同學志成亦邀同餐，孫先生客氣同請，故余僅費半數五十餘元而已。向炳林兄取百元，晚，即歸伍拾元，殊謝。同仁中對人事閒談者頗多，余以客氣之立場，總不宜介入也，切戒。

11 月 28 日

接君淮信，知士龍以不獲余信為苦悶，然余以無足慰士龍者以慰之也，奈何！否則無病之呻吟，于事實又何益哉。向樸亦未來信，殊念，然無力助人，真愧對老

友矣，情急寫信伸之所感以寄慰耳。工場指揮不統一，
殊以為苦，自知之明，僅以敷衍了事為妥，然良心有所
不欲也，奈何哉！由此，更審乎戰爭之事，兵權之尤貴
乎統一指揮也，盟國乎，其速統一指揮。

11 月 29 日

　　近日工場在澆底部份頗為緊張，日有起色，亦以引
慰。今日月姊在貴陽與吳敏生結婚之佳期，未能前赴觀
禮，殊引憾。今日又復為民國廿六年十一月二十八日，
中夜離石莊民校之五週年紀念日，瞬間流亡在外五年，
毫無成就，自愧萬分。東望家鄉，老父之殷望，尤屬難
告，今後將何努力乎。

11 月 30 日

　　十中全會於二十七日閉幕，通過重要決議案甚多。
今後教育則以軍事化為中心，而對於尚未設立之急需專
校，應於普設，故對水利專校及水利訓練班，三十二年
度擬分黃河、揚子、珠江三河域設立專校，並全國分區
或分省辦理水利訓練班云。余擬明年得機構受水利之訓
練，故正謀獨立複習理數及英文也。十二月擬作計劃生
活矣。

12月1日

　　三十一年十一月二十九日大公報載：戰團留渝畢業同學錄同學中有未領得者，請即至都郵街社會服務處程世顯同學處領取，每冊收回印刷費三元。再茲擬續編留渝同學錄一冊，如有同學新到渝工作或通訊地址遷調者，請於十二月十五日以前通知本市第廿二號信箱楊大穌同學，以便彙編。余擬領購乙冊。月芳姊與徐敏生在貴陽結婚，登刊於本日大公報。

12月2日

　　做人與做事為不可分的兩面，否則做人不善共處，則做事當然發生了問題，而做人尤貴善任與知己，否則也必眾離親去，不易得到「人和」之功。在有責任的人，負了權力使用者，更要有指揮與計劃分配的能力，否則也必徒勞而無功，或反弄巧成拙的，談到和新人相處或新做事的人，更要注意才對。近日上游工程方面進行欠順手，即此之故，值得吾人警惕也。

12月3日

　　接鶴亭兄信，囑注意身體。轉函偉青一件，對彼殷殷獎掖之誠，至感。為大炳兄介紹朱君來會工作事，函詢鶴亭之。晚，書鶴亭、大炳、偉青、文範各一件。下午，陸家橋人張福順自代水泥廠來墓，彼已決心脫離此間赴成都大中營造廠云。

12 月 4 日

　　郵政漲價，本日起每件平信已需郵資五角矣，今後通信方面，為接濟經濟之窘，似宜盡力減少也。張福順兄即辭代水泥廠職，赴成都新南門外致民路一號大中營造廠服務。新遇即離，情誼鄉友，故今午與德傳兄同為餞別，同時又勞黃、馮二友代覓汽車，似此則內心強可安矣。談間，知見林供職金沙江工程局，克誠與耀堂亦曾在渝相遇也。李郁華工場主任新自渝領回複習書，諒可一借閱矣。

12 月 5 日

　　規律的生活，欲求實行無阻，殊為困難。此乃時間太促，一有友朋敘談，即將時間侵佔故也。況終日單獨生活於工場後，暇時亦需調節於談笑也。是故近日晚間對複習代數之進步甚慢，殊以為憾。

12 月 6 日

　　購馮樹膠鞋壹雙，僅價玖拾元，似屬價廉物美矣。沈副委員長伯先蒞工場視察，對於真水泥供應問題，已提請設法解決矣。聞日內已分配同人工作，余仍為上游閘座工作及裡牆工作也。領十一月份薪津，共得九百九十七元正，扣除伙食及預借外，實發得洋叁佰六十五元，尚足供零用之需。

12 月 7 日

　　近日來本寢室王助理會計澤淵終夜赴外賭博不歸，

聞且已勝有數百元，故工人間傳說紛紛。同人間亦有知
其事者，但同姓易混，每為人疑為我賭，真是有損名譽
之嚴重事件，且竟有測工黃某面向余詢此事，■助理員
亦聽人說。似此是非混淆，似宜於注意闢謠之道矣。

12月8日

同人工作業經分配，余為第二組，有鄭東先、陶正
才及余三人，區域為上閘座及裡牆之推進與監督，余兼
負監督洋灰之拌和及其比例及盤數，在陶正才來上工場
前，則兼代其職務之。事實上上游僅余負監工之責，可
謂相當繁重矣。但較之王炳林兄尚有室內工作之彙編監
工日記，似為較鬆也。中午，又赴綦城「中和」商店購
馮樹膠鞋壹雙，價仍 90 元，購紗襪貳雙，價 52 元。近
日伙食頗佳，知孫辦事員仁本能力尚強，較之王老華廷
遠勝多了矣。自十一月份津貼夜勤費月每人陸拾元，以
酬辛勞，蔣主任之處事，似尚可欽，能小處力避煩苛，
則大佳也。

12月9日

工程已入趕工時期，特給每人夜勤費陸拾元，今日
補領十一月份陸拾元，可作雞蛋滋養之資矣。來所後向
學之心甚切，苦無進修之時間，殊為苦矣。僅公家代數
學壹冊，預備與參考複習之代數同時併閱之。

12月10日

工場只以個人職責之不同，故常有發生以便利自己

之職責，指揮工人進行工程者，是故同仁間指揮遂不能統一，要求亦不能一致，有時則人各一說，工人不知何從矣。此種弊端，允宜同仁間作不間斷之工作檢討，開誠求其協調為宜也。購蛋卅枚，每個壹元肆角，計價肆拾貳元。中樞首長調整，曾養甫長交部，張道藩長中宣部，張厲生長政院秘書長，賀耀組長渝市，吳國楨長交次，預料最近期中，或將更有局部之異動，以刷新人事陣容。

12 月 11 日

工場工作至為辛苦，終日招呼工程之推進，不獲稍暇。尤以趕工時期，早晨上工，值至午飯下工，下午一時起值至天黑下工，簡直無半半時之休息。而指揮與分配繁紛，精神亦殊費也，故晚間雖欲稍自進修，終儘苦精神不濟，奈何、奈何！常此以往，勞碌終日，將何以個人前途發展耶。

12 月 12 日

理髮，巧遇六戰政時長官部特團李連長志亮，略詢六戰近況，並陪同參觀閘壩工程，時間促倉，未及請吃中飯，至歉。晚與炳林談甚歡。

12 月 13 日

月餘未洗浴，久苦不衛生，皮膚也發癢了，中午洗了一個半冷不熱的浴，精神似乎舒暢些。上游閘座吳榮華老板楊安全的石工分場，它們做工很是努力，雖然工

作艱難不易做，並且要求亦嚴，但總能盡心做去，埋頭
苦幹時，簡直忘記了每次的午飯和晚飯，此種精神，的
確很佩服。但今日有一個小伙計，生性平日似懶，本領
未會，倒先學到了架子，不大願意聽指揮，我剛恰心緒
不寧靜，就給他打了幾下。這真是我第一次動手「打工
人」，開了一次大吉利，雖然我本心很不願意去責罵任
何一個工人。國風半月刊第三期到了。

12 月 14 日

　　近來中樞調整機構之聲日高，尤重駢枝機構之裁
併，時事新報之社稿亦伸論之，而竟舉出淮會為例之其
中之一。其理由乃以淮河流域淪陷，淮會已失其工作對
象，似無維持此龐大機構之必要。實此乃中於不明事實
之論，緣吾國之水利失修，豈僅淮河哉，淮會移節西南
工作，對象廣泛，其為適應國家需要之整治綦江等，豈
非事實之鐵證乎。今沿用淮會之名，不過為紀念其過去
任務及今後希望完其全功耳，論者竟以代表機構之名稱
業已失其工作對象，即確認此機構為不必要矣，寧有此
理。以今日淮會各工程機關工作之緊張，實為今日一般
政府機關所望塵莫及也，即以其事功尚未大顯而論，則
水利為百年之巨業，原非一、二年可即望其速成者也。
況事實上，果政府能寬籌其經費，限之於日期，即以綦
江渠化工程而之，亦未嘗不可計日以期即成也。病者不
作探病源之求診治，而囂囂於辭令之談，吾人涉足於此
艱苦工程之同志，能不慨嘆乎。

12 月 15 日

接月芳姊十日自貴圖雲關一號徐宅來信，知禮金已收到，但謂此次桐哥既未到筑，且無只字■■云，此誠出乎我之預料外也，且彼亦已一月有半無信來此間，誠亦念念，即作信詢近佳之。此或因工作繁劇，而疏於作書故，然月姊婚事，事前既有過去楊君之介紹，則事後當亦必知與徐君進行之事實，吾真以月姊未能及時告知桐哥，或致引起不滿也。然婚姻各有自由，即為不滿於事前，則既成事實之後，當為慶賀才對，對此事亦函詢桐偉哥之。偉青脫離電台，工作成問題，精神或現煩悶，故亦懶作書，故以堅苦忍受提出共勉之。工程進行順利，雖犧牲個人之一切，尚稱可慰也。

12 月 16 日

清晨，天未明即入暈迷欲醒之睡境，此乃因昨日心緒不安，有失眠症現象所致。此時因慾性之突發，陽器挺直，一時竟明知故犯，實行手淫，似非此不能稍安者，直抵天明起床後，始得以理智之抑制平息慾火。是故，知慾力之強大，設無堅強之理智為之駕馭，無有不踰越正規者也，可畏可戒。近週工作緊張，已至趕工之高峰，同仁倍為辛勞，中午，本所特為犒賞大吃雞肉，以資加油云。

12 月 17 日

本室助理會計王澤淵，即以綦本地人，年尚輕於余之一青年也，然已腐化之矣，終夜以賭博為生命，每忘

睡而不歸，令人不忍為其前途悲，且經蔣主任訓誡而不
改，川中青年之不長進，殊出人意料者之外矣。又本
室侯助理員澈，年僅十八歲，為錫邑國醫侯敬興先生之
公子，初中畢業，聰明活潑，但少奮進之精神，似為入
社會太早之故。近以身體未能調適，實現吐血症狀，近
日正休息中也。余以新來者之資格，擬以創造環境之精
神，感於侯君奮發蓬勃之精神，俾共同向水利工程進
修，目前則因工作繁重，精神已相當疲勞，不克過分用
功，故每日心有餘而力不足，僅以學習仿宋字為自習之
功課耳。

12 月 18 日

接育興、恩俊信，知六部人事大動，三、四科科長
及主任秘書皆辭職，張科長導民調四科兼二科，羅科長
兼主任秘書及特黨部秘書，賴秘書則掌三科云。同學去
留情形如何，至念。去信壽昌略陳所及，並囑年終考績
留心數同學之成績，俾合法給予獎勵之。信乘風，請購
在渝畢業同學錄壹冊。信厚城，請為壽昌介紹女友。近
日工作繁忙，直書信之時間亦無矣。

12 月 19 日

昨晚大雨，待清晨七時許天則方晴矣，然工地泥
濘，故仍未克開工，得利用此時乃作工人生活之訪問。
先後沿河訪問周子香蓬與胡榮華廠工人，團敘臨時搭蓋
之工棚中，似甚熱鬧。居住之所相類於軍隊之寢室，咸
以樹木搭高板鋪之，而余舊日受訓時之居住生活，更浮

現於腦際中矣。旋沿河視察吳榮華與翁昌鏞之石工山場
——開條石——後，逕抵鶴亭先生家一敘，悉鶴亭先生
已定最近赴涇洛工程局工作矣。返所時於綦城巧遇前團
中分隊長杜文祺與屈用超（現任二補二團四連連長，駐
東溪），抵所，分書壽昌、乘風、厚城等數書之。晚與
炳林談人生觀問題，頗暢。

12 月 20 日

接鶴亭哥來信，知已於十九日首途赴西北大荔涇洛
工程局工作矣，對同鄉朱君之工作，明年決定設法介紹
也。接中週十七期，即於當晚讀畢之。余近對陶君正才
之服務精神殊表不滿，蓋青年能力求好學固佳，然既
已服務，則已向國家負責，對事方面，應先克盡厥職才
對，否則祇企圖個人讀書方便計而寄食於工作，殊有欠
妥矣。屢圖有以坦白直告之，然終以格於欠善而止焉。

12 月 21 日

對於工作，殊欠熱烈之興趣，至覺枯燥而乏味也，
瞻望工作前途，煩悶而不知所適。近日已久疏複習代
數，自責無志，真不知將何自學矣。久未得桐哥信，殊
念也。

12 月 22 日

接偉桐來信，知近以偉家居煩悶，故書少耳。月姐
在筑結婚，桐哥限於交通及經濟，未克參加，其苦衷正
與我相似，但曾匯禮金亦貳百元，不卜何故至九日月

姐尚未收到也。桐哥月入（十一月份）1,830 元，但伙食即須 1,500 元之巨，故經濟可謂相當拮据矣。今後待利滇出貨後，偉即可工作，當可相當彌補也。囑安心工作，明春則西南、西北之行皆可也。接大炳學兄信，知已改習地質矣。子穀已傷，俱為悼哀。據云家鄉豐稔，至以為慰也。晚作仿宋體致鶴亭函，迄深夜始睡之。

12 月 23 日

新來陶君正才，近以服務精神稍欠，俱有損同仁過去公忠之風氣，而更有失青年應有之精神，致引起同仁間之不滿，趨於不合作者日眾。吾人處世作事，自私心太大，忽視公事而不顧，確亦非是也。余對陶君初來時寄於無窮熱望，期能通力合作於工作及讀書，今頗失望，至憾。

12 月 24 日

終日工場勞碌，至感精神困頓。晚復作桐哥信等三通，至深夜始睡，更為疲勞矣。

12 月 25 日

上午十一時左右，因石工駱華山做工手指壓破流血，陪同赴辦公廳取「白藥」未得，且目擊李郁華及王華廷等敷衍工人態度，殊不為然，至心情悶急，大不為然，一時心房刺激過度，腦入迷糊狀態，周身發冷汗矣。余自知不覺，乃急呼王炳林先生隨同脫離工場，略事走動，煩悶之心境開朗，乃遂舒適。時曾呼鄭先生協

助，復止之，入所後，復與炳林略事散步及談心，始復
常態。此次之意外事變，殊出本人意料，但心理之不健
全，當時為恐懼與煩悶心理籠罩，且牽連想起過去沉痛
之回憶，心胸不能寬暢，實為病源也。近日勞神太多，
對現狀不滿，積悶迸發，亦一主因。今後宜多自修養，
平抑火氣，注重身體之保養，勿事苦思焦慮，實宜注意
者也。否則身體不康健，談何前途乎。

12 月 26 日

　　前日接月芳姊與敏生哥惠贈壹片壹楨，英姿雄發，
可稱才子佳人之喜矣。今日精神仍感疲勞，但未休息，
而上閘座處工作無聊，隨處感不適稱心，乃改往裡牆澆
底處工作，如此則工作有著，精神有寄，與澈及炳林談
話亦便，似覺心靈舒暢也。

12 月 27 日

　　在下游附近工作，進行不受限制，精神愉快多矣。
余素性固執，嘗欲以己思所是者進行，方為舒快，故來
此後處處感覺被動，實至痛苦也。在下游能與澈等暇時
閒談，更為生趣多矣。午飯時，因菜量之多寡，同仁嘖
有繁言，而「廚房」之視工程師為「高」，確亦略有此
事也。但造成之此種等差觀念之思想，實至可痛，余擬
設法消除之。

12月28日

今日精神稍佳，此乃藉工作之興奮以維持精神也。北非法國領袖達爾朗被刺，一度英雄今日安在哉。

12月29日

接十二月一日父親自蘇鄉來信，知闔家頗佳，囑在此勤勤服務，庶不負人提攜之情。東海之婚事已了局，從此去一心事，可待來日自選意中人矣。囑去信訪翁思信，當即去信。知穎蓀弟曾病，幸已痊可。擬即作家信，但以同仁閒談而未果也。

12月30日

上午天晴，即擬赴城理髮，以過新歲，待午後果行先理髮（價五元）。余素主梯光頭者，今亦以適應環境計，擬蓄面髮，故愛而留長之，並購來日髮梳及臘油壹套，以備應用之，此誠開我應用化裝品之先河矣。近日心緒煩雜，如此似亦可自慰者然。至二補通連，遇二九年同在通隊學習無線電之張君等而敘晤之。轉瞬三年光陰，舊日生活仍似目前，在連便飯，倍為迴思不已。

12月31日

在悶重的氣氛中，在工場消糜了歲尾。回憶去歲今天，歡敘六政，精誠之歡，已迴異於理想之所望。今日者，舊日友好各自東西，而無復一人得今日同歡者，尤不勝慨然於懷。自我檢討一年來徒自奔波，毫無所成，尤不禁愧著萬分，不知所是矣。迄晚，同仁強欲聚

為竹林之喜，因皆終年不識竹林者，聊以遣苦悶耳，余不便強人之意，贊助之，但終不得得其樂也。然消悶於萬一，或不失於唯一辦法也。中夜始睡，以新得家書安好，故得稍安入睡耳。

通訊錄

姓　名	別號	住址或通信處
周　歧	鳳聲	無錫張涇橋
徐慶雲	燦如	江蘇溧陽山丫橋鎮
彭岡陵	則頡	湖南寧鄉西冲山山栗塘
張士毅	敦睦	湖南寧鄉蘭田坪轉山底
劉　典	培萱	湖南衡陽東鄉相公堡郵櫃
粟　概	正權	湖南湘潭見龍街粟長泰轉
蔣震潛	洪垚	江蘇武進西門外土喬鎮
陳壽昌	仲儉	無錫西門外揚名鄉陳大巷 上海天后宮橋北塊源隆鐵號
蕭勉恆	季常	安徽廬江東鄉分路碑
孫建侃		浙江嵊縣孫鄉公所
王玉崑	子崙	山東省惠民縣城東小桑墅街致和堂轉甯家官莊
解鴻逵		湖北廣濟縣兩路口郵局轉
黃　紱	冗侯	湖北黃陂城裡真武路黃萬春交
申際輝	北辰	山東館陶申街
李向樸		山東德平城南沙漥李莊
毛鳳樓	綺夫	浙江臨安橫畈鎮郵局轉下城
劉志義		湖南茶陵黃沙坪
林鴻藻	樹勳	四川岳池北城外中興長藥鋪轉
董君淮	定棋	四川大竹小東街十二號
高春和	德錄	四川梁山屏錦鎮郵交
孔憲達	道三	廣東南海蔴舍愛群醫社孔霭餘轉
丘憲章		廣東梅縣松口圖書館
王濤聲	嘯天	浙江青田高市
何伯言		江西樟樹潭埠圩袁義興號轉下溒村
黃　華	品之	浙江義烏東鄉尚經市
班文才		河南魯山農工銀行轉
沈澤蒼	學行	蘇州金太史場廿九號
范永炎	楘楠	新橋正街一三六號 鎮江北門筁家巷二號
郁文祺		南京中華路二七三號塈隆寶號
魏道性	養初	新橋石梯溝李家院 漢口下葛店鎮三會
張　銓	宇衡	臨時：重慶上清寺資委會王奉璋先生轉 永久：安徽合肥梁園鎮轉眾興集張花墩
申體康	克常	天津縣葛沽鎮趙家胡同
李　雲	盛云	永久：湖南常德漆家河郵局 現在：第六兵站總監部監護營第四連
尹肇梅	治武	湖南湘潭茶恩寺郵轉廣東橋郵局交
鍾紀綱	立烈	湖南龍山南門正街詢交

姓　名	別號	住址或通信處
蔣仲塤	一中	江蘇崇明橋鎮 現在：四川綦江導淮委員會
吳　琳	伯誠	江蘇宜興西珠巷三十九號
姚榜義		武進鄭陸橋謙吉行
鄭東先		上海膠州路六十八弄七號
黃勃昌		安徽合肥東鄉石塘橋
周壽庚		江蘇武進埠頭
侯　澈		江蘇無錫四郎君巷 2 號
王炳林		安徽壽縣莊墓橋
華金榮		河北清河華家莊
堵道允		江蘇宜興和橋
陶正才		江蘇高郵北門外大同醫院收轉
徐肇朝		江蘇寶應官巷東首
蕭利培		江蘇宜興宋瀆蕭庄
王文法	伯笙	江蘇金山西市
吳榮生		江蘇宜興高塍湄葭溪
張鍊百		綦江順河上街 54 號轉交
李郁華		江蘇宜興公園路三號
業衍璋		臨：三聖宮政治部第一廳第一科 永：南京安品街 31 號
鄭照瀛	易吾	湖北天門
于　敏	相琳	賜教處：重慶一五八號信箱
袁曉林		
張雪麗		
程　靜		
李雄飛		
盧盛梅		
車千里		
戴彭調		
楊　玲		湖北宜昌
陳　波		
趙忠國		
晏紹■		
周象清		
曹　楷		
楊益斌		
王岱松		
王爾和		
辛　克		
湯　謙		
劉　過		

姓　名	別號	住址或通信處
費鑑璋		印度勒多後方醫院翻譯官 Mr. Fei Chien-chang, Officer Interpretreter Post Hospital, Ledo, India

先父王貽蓀先生事略

王正明 王貽蓀、杜潤枰長女　改寫

　　先父王貽蓀先生，字雨生，江蘇省江陰縣人，民國七年三月五日生。手足八人，雁行居次。尊翁仲卿公，任祝塘鎮永平鄉鄉長，熱心公益，先後創辦北山頭、大河頭國民小學，協辦華巷、徐巷小學，嘉惠鄉中子弟，得以成材。並開設「王暢茂」糧行，助農民賣穀，再碾成白米轉售滬上，或代客購糧，均需代墊款項，得利時即來結帳，虧損時不見來人，無法追索。門市均升斗小民，待以舉炊，購米多數賒欠。仲卿曰：「救人之困，人豈負我，不必強之也。」先父幼承庭訓，服務社會，樂善好施之志，早發其端。江陰長涇初中畢業，入無錫國學專修學校進修。後考入江蘇省公民訓練師資養成所，初任教江陰縣夏五鄉民眾學校，復創辦石莊鎮民眾學校，受任校長，從事民眾教育工作。

　　民國二十六年抗戰軍興，江陰即將淪陷時，奉令結束校務，隨仲卿公撤往武漢，參加了湖北省鄉政幹部人員訓練班，結訓分發江陵縣任鄉政指導員，輔導全縣鄉政建設工作。二十七年離職，入戰幹團通信隊受無線電技術訓練，二十八年考入軍事委員會戰時工作幹部訓練團第一團（後改敘為中央陸軍軍官學校第十八期政治科）。畢業分發至湖北恩施見習，因成績優異調回第六戰區司令長官部政治部，負責人事行政業務，兼負戰區

特別黨部組訓，復任重慶後方勤務部特別黨部文宣工
作，又轉調中央黨部組織部軍隊黨務處。以工作努力，
勤奮好學，深得長官器重。抗戰結束論功敘獎，獲頒
「勝利勳章」，為不可多得之榮譽。

戰後復員，先父在南京三民主義青年團中央團部編
審室服務，主持《模範青年叢書》出版業務。繼調中國
國民黨中央執行委員會青年部幹事，負責學校文化宣
傳。迨大局逆轉，奉召至海軍總司令部服役。三十八年
攜眷來臺，居高雄左營。先後任海軍供應司令部人事科
長、辦公室副主任、代理主任等職。

民國四十四年郵電黨部成立，即由海軍退役，北上
臺北，任職黨部，歷充各組總幹事，直至退休。先父任
內，專注於協助郵政、電信事業之發展，整理郵政、電
信工會，創立電信黨部，協助郵電婦女組訓，推展郵
電勞工補習教育，提高素質及升遷機會。籌辦全國自強
郵展及四海同心郵展，並推動巡迴郵展和郵票上船活動
（募集新、舊郵票，展示和贈送；藉董浩雲先生船隊流
傳全世界各角落，以宣傳中華民國）。指導各縣市郵局
成立地區文化工作隊，舉辦各類文藝、運動活動，提升
文化素養、促進彼此情誼。創辦《郵光》雜誌，出版
《郵光》叢書，宣揚郵政業務。並為維護郵電協會產業
及增進員工福利，不遺餘力。

先父一生熱愛教育、關心教育，民國四十八年在臺
北縣中和鄉創辦私立中光幼稚園暨托兒所，請胞妹王芸
芳女士擔任園長，期間備嘗艱辛，歷時三十年，培育地
方子弟無數，達成以教育事業服務社會的心願，亦為其

公務外最重要的志業。

先父於七十二年五月退休，稍卸重擔，乃偕先母赴國內外旅遊，不僅飽覽寶島各地風景名勝，更遍及美、歐、澳、南非、東亞、大陸等地，見聞所及集成《環球采風》一書。先父好學不倦，定期參加由中華文化復興委員會主辦的文學研究班，上課研讀、聆聽學者專論，從不缺席。拜書法家王愷和為師，勤練書法，臨池無間，尤善「蘭亭」，悠遊藝事，其樂無窮。此外，擔任臺北市江陰同鄉會理事，編輯《江陰鄉訊》，贊助「故鄉子弟獎助學金」，嘉惠鄉人後輩。也參加中華郵政退休人員協進會義務工作，擔任「會訊」的撰寫與各方的報導，分享郵政事業的進步。並鼓勵退休人員組成集郵委員會，定期聯誼，交流集郵訊息，協助推展集郵活動。

先父與先母結縭五十七年，鶼鰈情深，親朋稱羨，體健神清，民國九十一年先母仙逝，遽失良伴，心傷之餘，遂大不如前，且行止維艱。九十八年八月底因呼吸道感染緊急送醫，住院二十餘日，癒後轉入醫院護理之家療養。不意十月十四日溘然長逝，嵩壽九十有二。

先父個性剛正，樂觀進取，勤學奮勉，任事果敢，不畏艱險，認真負責；為人溫文敦厚，謙沖為懷，提攜後進，助人為樂，眾所敬重。

後記

王正明
王貽蓀、杜潤枰長女

在整理掃描完成父母親在抗戰期間，由生活費的支援到相識、相戀、結為佳偶的信件後，正準備打成電腦文字檔時，無意間看到一只父親特藏的箱函。內有數本陳舊的書冊——父親的和母親的日記，以及父親在湖北受鄉政幹部訓練的結業手冊、受電信訓練的一本工整的通信隊無線電報技術筆記簿等。

當打開那本袖珍陳舊的練習簿仔細一看，竟是母親民國二十八年一月一日到十二月十七日，是她在與父母分手，獨自留在長沙九五後方醫院擔任看護中士工作半年後的日記。裡面密密麻麻用蠅頭小字，鉅細靡遺的記載了她那年的生活點滴及感想。一個十七歲初二肄業的少女，以細小且生澀的字跡和語句，但整齊的按日（並以火水木金土日月標記星期）記下那物質匱乏、變動年代的種種。母親唯一有次向我說道：「我在醫院後撤行軍時，在荒山野嶺的山路上，碰上生理期，當時用品粗糙且無法即時更換，走到大腿內側因乾血磨破皮，疼痛到寸步難行。後得醫官將其載具——轎子讓給我坐，才得解脫痛苦。」這是母親刻骨銘心的抗戰往事，也激勵我日後遇上生理狀況不再喊苦。在日記中讀到這段文字時，再三重讀，掩卷感嘆母親的耐苦，不禁留下淚來。

在後撤途中，母親終於得知教育部將在貴州銅仁創辦國立三中，收容流亡青年免息貸款[1]就學。毅然辭職前往爭取就學機會，歷經辛苦等待及轉折，終於考取復學初三，並直升完成高中學業，還考上貴陽醫學院——她當年繼續升學的目標。可惜僅就讀一學期，終因戰事嚴峻，郵路不通與家鄉通訊中斷，財務接濟不上，忍痛休學。為謀能獨立生活，考取郵政郵務員，使生活安定下來，而成為母親終身的職業直至退休。在這段艱苦的求學路上遇上困厄，母親就會以外祖父留給她的話：「耐苦耐勞、守職勤儉。」激勵自己努力突破困難、堅持自己的信念，令我敬佩不已母親朝向目標的毅力。另外在日記中常提到的一件事——日軍漫天無差別的向平民聚集地區的轟炸。無知、無辜的百姓和受傷的士兵，身家財產的損害和犧牲，讓她深切痛心，充滿著悲憫之心，更加深我對日本侵華的憤怒。

　　父親民國三十年的日記也是本泛黃封面鬆動的練習簿，我立時找張白紙加固，便於日後翻看。這是父親考入軍委會戰幹團第一團第六期[2]結訓後，分發見習開始的日記。他把每日重要事件如分發調職行軍的經過、收到家書的興奮、重要讀訓心得、身體狀況、與同事及兵士的相處、待人處事原則與態度、心情感觸……等，都仔細逐一記下。最後並附有大事記，讓我很快就明瞭父

1　在母親的高中畢業證書上，蓋著貸款國幣 1623元零角五分的印戳，背後貼著一張教育部頒發國立中等以上學校貸金償還辦法。

2　軍委會戰幹團為軍事委員會戰時工作幹部訓練團之簡稱，現都歸入陸軍軍官學校學生。

親在二十六年離開家鄉，奔赴後方的前後行止，以及求
取知識和新出路的努力，終於皇天不負苦心人，投入正
式軍旅，參與抗戰行列，繼而展開記錄人生的日記工
作。他的日記持續到手無法握筆書寫小字 [3] 為止，都妥
為保存。

　　此次編輯出版的日記，我僅閱讀了母親二十八年和
父親三十年一半的內容，父母親的字跡有的很好辨識，
有的則相當困難，編輯們非常辛苦的一一打印出來，我
深深感佩與感謝！記得我看到父親在大事記中提到川湘
公路二千公里的行軍 [4]，在三十年元月，因戰幹團結業
分發湖北恩施見習的川鄂公路行軍，到六月見習期滿調
回四川黔江六戰區工作，再次沿川鄂公路行軍返回。特
地去翻找出地圖，一一比對途經何地？確實是那時代中
國人為抗戰而走的一小部分路啊！在見習期間遇上疫病
流行，據說是傷寒，死了不少新兵，父親亦被感染，發
燒吐血，後得大哥及同鄉的救濟，獲取極缺乏的藥物而
痊癒，但落下瘦弱的體質，直至中年後才逐漸好轉。另

3　父親於八十四歲，母親過世後出現較明顯的巴金森症狀，執筆已
　不能書寫五字以上的字句，愈多字愈不成字形，即封筆不記日
　記。但仍能執毛筆寫中、大楷字，直至九十歲才停止毛筆習字。

4　川湘公路行軍，是父親二十七年受完鄉鎮人員訓練分發湖北江
　陵，工作一年餘受大哥力邀去廣西桂林另謀出路發展，與同時離
　職的二位好友轉往湖南沅陵，準備南行。不意大哥因大嫂已安抵
　昆明，離桂前往會合，且戰事亦延燒廣西而作罷。父親在沅陵發
　現正巧錯過戰幹團的招生，無奈只好先加入戰幹團的通信隊，學
　習無線電技術，駐瀘濱受訓。於二十八年四月奉令轉往四川綦江
　訓練。四月十五日沿川湘公路出發，至五月二十一日安抵綦江，
　完成二千公里行軍至四川綦江禹王廟，十一月完成基本教育，並
　展開實習，表現優異。十二月底得知戰幹團招生，在戰通隊請假
　獲准，前往應甲級試，得隊中唯一錄取者，終於謀得貫徹入團的
　初衷。

有件事是父親曾提起的：在戰幹團受訓期中，同學間發生異黨案，彼此間提報為共產份子，父親亦被列為嫌疑者，尚幸未被關禁閉，最後全身而退。當時對共產黨非常敏感，因此有部分同學遭難。父親很感慨的表示在紛亂不安的局勢中，人們互相不信任產生誤解，而彼此傷害，實為一大憾事！

父親自日軍侵入家鄉，離家奔赴大後方起，與親人聯絡收取的信件和大伯轉交的親人信件，三十年以後的日記和相關文件、證件等，以及母親的日記、證件和信件，他都妥善裝訂收存，隨身攜帶，跟著遷移，由江蘇江陰夏五鄉、石莊鎮，湖北武漢、江陵、恩施，湖南沅陵，四川綦江、黔江、新橋、重慶而江蘇南京，再渡海來到臺灣高雄左營，臺北市仁愛路、北投區、新北市（臺北縣）中和鄉、新店區，遷移、搬家不下十餘次，次次都完好如初。雖不幸於七十二年的九三暴雨，慘遭水淹損失一批日記、相片，但文件、信件都及時搶救未有損傷，真是大幸！這批編輯了父、母親在抗戰時的生活記實日記，每每翻看，字字如畫面呈現眼前，感受他（她）的經歷與傷痛，不是我輩所能想像的。回看那個時代，這些隻字片語或許能給歷史留下一些跡證，現能編輯成書，也不枉父親辛苦的保存與收藏。

民國日記 55

王貽蓀戰時日記（1942）
The Diaries of Wang Yi-sun, 1942

原　　著	王貽蓀
編　者	民國歷史文化學社編輯部
總 編 輯	陳新林、呂芳上
執行編輯	李佳若
封面設計	陳新林
排　　版	溫心忻

出　　版　　開源書局出版有限公司

香港金鐘夏愨道 18 號海富中心
1 座 26 樓 06 室
TEL：+852-35860995

民國歷史文化學社 有限公司

10646 台北市大安區羅斯福路三段
37 號 7 樓之 1
TEL：+886-2-2369-6912
FAX：+886-2-2369-6990

初版一刷　2021 年 2 月 26 日
定　　價　新台幣 330 元
　　　　　港　幣　85 元
　　　　　美　元　12 元
I S B N　978-986-5578-06-0
印　　刷　長達印刷有限公司
　　　　　台北市西園路二段 50 巷 4 弄 21 號
　　　　　TEL：+886-2-2304-0488

http://www.rchcs.com.tw

國家圖書館出版品預行編目 (CIP) 資料

王貽蓀戰時日記 (1942) = The diaries of Wang Yi-sun, 1942/ 王貽蓀原著；民國歷史文化學社編輯部編 . -- 初版 . -- 臺北市：民國歷史文化學社有限公司 , 2021.02

　　面；　公分 . -- (民國日記；55)

ISBN 978-986-5578-06-0 (平裝)

1. 王貽蓀　2. 傳記

782.887　　　　　　　　　　110002285